U0754627

理论·实务·创新·实用

PPP

项 | 目 | 合 | 同

争 端 解 决 机 制 理 论 与 实 务

李学辉·著

人民法院出版社

图书在版编目（CIP）数据

PPP项目合同争端解决机制理论与实务 / 李学辉著.
—北京：人民法院出版社，2019.7
ISBN 978-7-5109-2602-0

Ⅰ.①P⋯　Ⅱ.①李⋯　Ⅲ.①政府投资—合作—社会
资本—合同法—研究　Ⅳ.①D913.64

中国版本图书馆CIP数据核字（2019）第160152号

PPP项目合同争端解决机制理论与实务
李学辉　著

责任编辑　王　婷　**执行编辑**　尹立霞			

出版发行　人民法院出版社
地　　址　北京市东城区东交民巷27号（100745）
电　　话　（010）67550637（执行编辑）　67550558（发行部查询）
　　　　　　　65223677（读者服务部）
客 服 QQ　2092078039
网　　址　http：//www.courtbook.com.cn
E- mail　courtpress@sohu.com
印　　刷　保定市中画美凯印刷有限公司
经　　销　新华书店

开　　本　787×1092毫米　1/16
字　　数　150千字
印　　张　11.5
版　　次　2019年7月第1版　2019年7月第1次印刷
书　　号　ISBN 978-7-5109-2602-0
定　　价　35.00元

序

　　PPP 项目相关的协议是一个合同群，涵盖了 PPP 项目合同、融资合同、履约合同、股东协议、保险合同等，而项目合同居于 PPP 协议的核心地位。政府与社会资本方签订的 PPP 项目合同的性质一直争议较大，基于 PPP 项目合同产生的争端和纠纷是否可以提起民事诉讼或者申请商事仲裁，在实务中出现了明显的分歧，迫切需要从理论和实务结合进行系统的梳理，因此，李学辉博士的这本有关 PPP 项目合同争端解决的著作出版正逢其时，值得 PPP 相关人士学习参考。

　　该书具备以下特点：

　　一、体系完整。该书首先对 PPP 发展的历史起源、发展阶段和当前国内外 PPP 研究和实务动态做了简要的回顾和总结，就常见 PPP 项目合同争端类型和争端原因进行了系统的分析；然后，就 PPP 项目合同的性质进行了较为详细的分析，提出了 PPP 项目合同属于具有一定行政因素的民商事合同的观点，并通过法律部门的划分以及法律关系的分析，得出 PPP 项目合同是"公益事业的民营化"的具体体现，PPP 项目合同争议总体上属于民商事合同争议的结论；最后，该书还就 PPP 项目合同争端解决机制存在问题以及完善建议提出了系统的观点。

　　二、观点新颖。该书中的一些观点在国内较早提出，例如，对违约方实施惩罚性违约赔偿，而且对政府方的惩罚性赔偿应超过社会资本方，引入公益诉讼制度，维护社会公共利益等。相信通过阅读本书，读者会有不一样的收获和启发。

三、案例丰富。为加强论证，该书选取各种类型案例近 30 个，绝大部分案例为近几年判决的，具有较强的代表性，其中不乏最高人民法院、省高级人民法院案例，裁判观点较为可信、裁判理由较为可取。

四、可读性强。该书虽仅有 12 余万字，但观点鲜明，简洁明了，具有很强的可读性。写作也较规范，对所引用的他人观点和数据等均予以标注，利于读者查找和继续阅读。

是为序。

王守清博士

清华大学建设管理系教授、博导

清华大学 PPP 研究中心首席专家

全国高校 PPP 论坛学术委员会主任

2019 年 6 月 26 日于清华园

目 录

第一章 绪 论

一、PPP 项目发展概览

（一）PPP 项目的起源

PPP 是 Public-Private-Partnership 的缩写，其中文全名为"公私合作伙伴关系"，又名"公私合营"。特许经营是 PPP 最早发展形态，最初出现在 19 世纪初的法国，当时在政府开支浩大的城市供水、煤气和热力系统采用特许经营模式，土耳其于 20 世纪 80 年代首次提出并运用 BOT 模式。

特许经营肇始于英国的 PFI 制度（"私人融资倡议"，The Private Finance Initiative 的简称），其经验和举措是引领世界很多国家大范围采取公私合作建设公共基础设施的典范。PFI 是由英国政府在 1992 年秋季的一份声明中，作为一项旨在实现公私双方更加紧密合作的措施提出来的，自提出以后，PFI 在基础设施和公共服务领域得以普遍适用，并逐渐形成一套完善的规章制度。英国推行发展的 PFI 模式及其指导政策，为世界很多国家效仿。一些国际经济组织，例如世界银行和国际货币基金组织，就将公私合作或者特许经营作为确定受援助国家贷款项目的条件。比较成功的 BOT 项目有土耳其的火力发电厂（当代全球第一个 BOT 项目）、菲律宾的诺瓦斯塔电厂（国际公认的第一个成功 BOT 项目）、深圳的沙角 B 电厂（当代全球第一个成功移交的 BOT 项目）、广西来宾电厂（中国第一个国家批准的 BOT 项目）。[①]

我国最早在 20 世纪末便完成了许多公私合作项目的引进，其中就包括了上文所提及的广西来宾电厂以及深圳沙角 B 电厂等集中于城市交通、水务、电力等基础设施建设领域，并且大多采用的是 BOT 模式融资建设，只是没有提出明确的 PPP 的概念，未形成燎原之势。[②] 当时我国引进公私合作项目的一个主要原因是为了缓解财政压力。据专家的分析与估计，只有在城市基础设施投资增量达到 2600 亿元，才能有效提升 1 个百分点的城市化率，而以政府投资为主的传统投资模式下，基础设施投资建设水平长期滞后经济社会发展。联合国开发计划署推荐的基础设施投资占 GDP 的比例为 3%~5%，而我国投资占比仅为 1.37%，历史欠账严重。[③] 原有的公共基础设施供给模式远不能适应社会经济快速发展的需要，在此情形下，政府引入社会资本弥补政府投资的不足就成为一种必然。

（二）PPP 概念辨析

通常认为，在学理层面，按照其覆盖面的不同，可以将 PPP 进行广义与狭义的区别。广义概念的 PPP 所代表的公共产品是由公共部门和私营部门双方联合提供的，美国学者萨瓦斯通过研究发现，广义上的 PPP 的实质是物品或者是服务的生产与提供之中，由公共部门和私营部门联合进行提供。[④] 这一意义上的 PPP 包括但并不限于特许经营、购买服务、外包、股份合作等诸多形式。人们在一般意义上谈到 PPP 时，通常指的

---

① 王守清、柯永建：《特许经营项目融资（BOT、PFI和PPP）》，清华大学出版社2008年版，第23页。

② 宋飞漾：《论PPP项目中外国投资者与我国政府间投资争端解决机制》，2016年华东政法大学法律硕士专业学位论文，第8页。

③ 陈金亮：《充分利用民间资本和外资发展基础设施》，载《中国经济时报》2009年3月4日。

④ E·S.萨瓦斯：《民营化与公私部门的伙伴关系》，中国人民大学出版社2002年版，第105页。

是广义上的 PPP。狭义概念的 PPP 仅指政府部门与私人部门签订特许经营协议，授予私人部门（项目公司）一定期限的特许经营权，由私人部门（项目公司）负责项目公司的融资、建设、运营等。

外国政府和国际组织对 PPP 也有界定。通过相关研究，美国 PPP 国家委员会提出 PPP 所代表的公共产品的提供方式，是在外包和私有化这两种模式特点所集合的基础之上进行的。其通过对私人资源加以有效利用进一步实施公共基础设施的规划、建设、资本投放、运作管理以及维护，与此同时，有效提升产品与服务的品质以进一步对公共多样化的需求加以满足。针对 PPP 的概念，联合国开发计划署（UNDP）提出，PPP 在本质上是一种交互合作的关系，这种关系以某一个项目的运行与管理为依托，有效地将政府与营利性企业的作用结合在一起。并且，在此基础之上，进一步以高效的联合运行与管理取代各自的单独操作。[①] 另一方面，就 PPP 的概念，亚洲开发银行（Asian Development Bank）也相应地发表了自身的看法，在其看来，PPP 的实质是进行一种交互式合作关系的营造，在这一过程之中，有效的利用基础设施建设或者公共服务的提供进一步将公共部门与私营部门双方之间建立实体化联系。[②]

（三）PPP 与特许经营的关系

常规情况下，对 PPP 的相关规章制度进行划分，主要涉及政策、指南以及法律等多个层面，并且由于国家的不同，其相对应的立法也会出现一定程度的差异，在一些国家中，PPP 相关法律的制定，以特许经营法的制定来完成；有些国家则是通过 PPP 单独立法的方式来进行制定，还有一些国家则是将这两种方式有效结合在一起。以英国为例，在国内，并没有单独的 PPP 立法相关条例存在，PPP 的制度建立是通过一系

---

① United Nations Institute for raining and Research. PPP–For sustainable development（R）转引自陈晓：《论我国 PPP（公私合营）模式的法律框架》，2010 年中国政法大学法学专业硕士学位论文，第 2 页。

② 亚洲开发银行：《公司合作手册》（2006 年版）第 1 页。

列的政策以及指南性文件的颁布来进行的。与此同时，法国主要采取特许经营立法模式，如 Law 2004-559 on Partnership Contracts，即伙伴关系合同（简称 CP）。巴西既具有特许经营法，也具有 PPP 单独立法。

就 PPP 项目合同与特许经营的关系而言，存在多种观点：（1）特许经营属于 PPP 的一部分，PPP 的外延和内涵比特许经营的覆盖面要相对广泛一些；（2）特许经营与 PPP 之间存在等价关系；（3）PPP 与特许经营之间不存在等价关系，双方是完全独立存在的，主要表现在特许经营归属于行政许可之类，而 PPP 则是归属于民事类的范畴；（4）PPP 与特许经营存在很大交叉，但不包容。总体来说，多数学者认为特许经营仅是 PPP 的一种类型，不能覆盖 PPP 的全部模式。[1] 依据当前的 PPP 的理论这一基础来进行分类，主要可以将 PPP 项目划分为外包、特许经营以及私有化三大类。其进行划分的根据在于 PPP 项目合同之中内容和性质所体现出来的差异性。[2] 本书认为，PPP 就是政府和社会资本之间以特许经营协议为基础，彼此通过合同形成的一种伙伴式的权利和义务分配关系，以达到利益共享、风险共担。简言之，在相关法律允许范围之内，PPP 模式实际上就是通过合法结合的方式将市场力量与公共权力有效结合在一起。[3]

（四）PPP 模式与传统 BOT 模式的对比

PPP 模式与传统的 BOT 模式既有联系又有区别。PPP 模式与 BOT 模式的共同点主要包括：①两种模式的主体都包括融资人、出资人、担保人；②两种模式都是通过签订特许经营协议在公共部门与私人企业之

---

① 吉富星、樊轶侠：《述评：PPP 立法研究中的热点问题》，载《经济研究参考》2016 年第 15 期，第 38 页。

② 李样举：《PPP 争议解决机制设计应注重制度兼容性》，载《中国政府采购报》2016 年 1 月 22 日。

③ 王伟：《PPP 模式与政府的法治思维》，载《我国党政干部论坛》2015 年第 11 期，第 53 页。

间建立合同关系；③两种模式都以项目运营的盈利偿还债务并获得投资回报。

PPP 模式与 BOT 模式的区别主要包括：①组织机构设置不同。BOT 模式参与项目的公共部门和私人企业之间是以等级关系发生相互作用的，PPP 模式是政府、营利性企业和非营利性企业基于某个项目而形成的以"双赢"或"多赢"为理念的相互合作形式，参与各方可以达到与预期单独行动相比更为有利的结果。②运行程序不同。PPP 模式中私人企业从项目论证阶段就开始参与项目，而 BOT 模式则是从项目招标阶段才开始参与项目，PPP 模式中政府始终参与其中，而在 BOT 模式中，在特许协议签订之后，政府对项目的影响力通常较弱。①

（五）PPP 模式在我国的运用

我国最早于 20 世纪 80 年代在电厂领域试水 BOT 项目，1998 年投入使用的深圳沙角 B 电厂被认为是我国最早的 BOT 项目，我国政府最早批准的规范化的 BOT 项目是广西来宾 B 电厂，紧随其后，四川成都自来水六厂 B 厂和北京第十水厂又陆续获批采用 BOT 形式融资建设。② 据财政部统计，目前我国城镇化率为 53.6%，预计将在 2020 年将达到 60%，与此同时这也将可能的投资缺口扩大到 42 万亿人民币。近年来，我国 PPP 呈现出突飞猛进状态。截至 2016 年末，我国入库项目达到 11260 个，投资额 13.5 万亿元，其中，已签约落地 1351 个，投资额 2.2 万亿元，落地率 31.6%。③ 在国家大力推动 PPP 模式的大背景下，落地率之所以如此之低，主要原因是少数地方政府诚信不够，90% 的企业家、

---

① 周巍、张蕾蕾：《PPP争端之解决机制之困》，载江苏博仕达律师事务所网站http://www.boomstarlaw.com/ctt/29/58.htm，最后访问时间：2018年2月5日。
② 王守清、柯永建：《我国的BOT/PPP实践和经验》，载《投资北京》2008年第10期，第82~83页。
③ 陈龙：《谨防PPP的异化与风险》，载2017年3月3日《学习时报》。

70% 的民企最大的顾虑就是地方政府不讲信用。[①] 通过对 2017 年 11 月 16 日出台的《关于规范政府和社会资本合作（PPP）综合信息平台项目库管理的通知》（财办金〔2017〕92 号）进行研究，发现管理库 7749 个项目均已完成物有所值评价和财政承受能力论证的审核，2018 年二季度季报 4 批示范项目共计 1009 个，投资额 2.3 万亿元。储备清单项目 4800 个，投资额 5.4 万亿元。通过对社会资本合作方的类型进行研究可以发现，截至 2018 年 6 月末，落地示范项目总数高达 866 个，并且其中涉及独家社会资本项目数量 448 个，涉及联合体项目数量为 418 个。并且通过相关统计数据显示，共有 1516 家签约社会资本，其中 598 家民营社会资本、40 家港澳台社会资本、821 家外商社会资本，并且涉及国家数量高达 17 个之多，除此之外还有 40 家类型不易辨别社会资本。在所有行业领域当中，涉及民企的行业数量高达 19 个之多，主要包括了 181 个市政工程、27 个城镇综合开发工程、26 个养老工程、53 个生态建设和环境保护工程以及若干数目不足 25 个的工程。[②]

目前，国内 PPP 项目有七个显著特点：

第一，规模大、速度快。部分地方政府没有坚守地方 PPP 项目占一般公共预算支出比例不超过 10% 的上限要求，快速上马大量 PPP 项目，脱离财政承受能力，透支未来几年财政收入，形成政府未来违约隐患。一般来说，PPP 项目都有着较大的投资规模，这就意味着整个管理过程要复杂得多，并且一些交通、能源、环保等基础设施项目所涉及的投资数额通常都是十亿乃至百亿元级别的。与此同时，由于项目回报周期较长，所以在项目进行的过程之中，在社会资本完成投资与建设之后，往往整个项目的回报需要经过较长时间才会出现一定起色，并且整个项目的运营周期往往是以十年为单位，有效项目的运

---

① 蔡浩：《政府失信成为 PPP 模式"拦路虎"》，载《中国经济导报》2015 年 9 月 11 日。

② 财政部 PPP 中心：《"中国 PPP 大数据"之全国 PPP 综合信息平台项目管理库 2018 年二季度季报》，载《中国经济周刊》2018 年第 31 期，第 52~55 页。

营周期甚至高达三十年之久乃至更长。

第二，形式多样性。由于社会资本承担的功能不同，在实际操作过程中，PPP 得以不同形式存在。财政部〔2014〕113 号文《关于政府和社会资本合作模式操作指南（试行）》规定了委托运营、管理合同、BOT（Bulid-Operate-Transfer）即建造—运营—移交方式、BT（Build Transfer）即建设-移交、TOT（Transfer-Operate-Transfer）即转让—运营—转让模式、ROT（Rebuild-Operate-Transfer）即改建—运营—移交等多种 PPP 模式。

第三，涉及领域广。到目前，PPP 模式的推广与应用，已经覆盖了保障性安居工程、养老、教育、交通运输、水利建设、城镇综合开发、农林业、社会保障、市政、科技、医疗卫生、政府基础设施、生态建设和环境保护等一级行业。

第四，PPP 项目存在间接代理签署 PPP 项目情形。政府虽然是 PPP 项目的真正主导方和参与方，但政府通常并不直接参与 PPP 项目的签署，而是指派其实际控制的平台公司与社会资本签署合同。一旦地方政府和平台公司违约，面临着社会资本方首先解决选择向谁主张权利的问题，政府有可能以未签订项目合同推卸责任，平台公司偿债能力不足，从而损害社会资本方利益的问题。

第五，PPP 项目本身都有着比较高的风险。由于项目回报周期较长，所以在项目进行的过程之中，在社会资本完成投资与建设之后，往往整个项目的回报需要经过较长时间才会出现一定起色，并且整个项目的运营周期往往是以十年为单位，有效项目的运营周期甚至高达三十年之久乃至更长。大规模的投资在这一运营过程之中，由于所牵扯的利益方众多，这就意味着诸多不可预测与控制的因素将给 PPP 项目的运营带来许多风险。而这些风险又以法律和政策风险、融资风险设计风险、市场需求风险、技术风险最为常见。[①]

第六，PPP项目合同争议解决路径因是否涉及特许经营而不同，不涉及特许经营的属于民事纠纷，涉及特许经营的属于行政纠纷。[②]

第七，当今PPP的政府合作项目中，起主导作用的主要还是以央企或国企为主，通过对其定义进行参照发现，这一形式的PPP项目并不完全符合其定义。PPP顾名思义，原意是指政府与私人社会资本合作，而非政府与央企或者国企合作。当然，PPP中的"私"所指代主体并非狭义定义中的私人部门，其所指代的主体任何非公组织，这其中就涉及私人部门。根据是否以盈利为目的，又可以分为私人企业（此处指营利性私人企业）和第三部门（非政府非营利性组织）。[③]

为了正确引导并规范PPP项目的有序实施，我国相继出台了多部行政法规和部门规章。其中，2014年财政部出台了《政府和社会资本合作模式操作指南》及其附件《PPP项目合同指南（试行）》，与此同时，发展与改革委员会也针对性地颁布了《关于开展政府和社会资本合作的指导意见》，除此之外，还有其相关附件《政府和社会资本合作项目通用合同指南》。PPP项目进程的进一步推开过程之中，出现了地方政府片面盲目追求PPP模式的倾向，将原本并不符合PPP的项目改头换面，人为包装PPP项目，有的地方政府不顾经济发展实际情况和财政承受能力，盲目上马PPP项目，透支财政收入严重，影响后续经济发展，间接地对社会资本方的利益造成了极大的损害。另一方面，因为政府信用缺失情况的出现，PPP项目中社会资本并非严格意义上的"社会资本"，在此轮PPP项目中，国企占据了半壁江山，占据了主角位置，根据财政部PPP

[①] 黄礼健：《PPP运作机制分析和国际经验启示》，载《NEW FINANCE》2016年第7期，第35页。

[②] 郝升：《PPP项目的争议解决方式》，载搜狐网财经频道http://www.sohu.com/a/148126132_498910，最后访问时间：2018年3月5日。

[③] 付大学、林芳竹：《论公私合作伙伴关系（PPP）中"私"的范围》，载顾功耘主编：《公私合作（PPP）的法律调整与制度保障》，北京大学出版社2016年版，第56~57页。

中心数据，截至 2016 年 10 月，社会资本参与方面，国企占比 55%，非国企合计占比 45%，其中民企占比 36%，使得 PPP 异化为政府和国企合作。究其原因有三点，第一，PPP 模式强调资本的非暴利性原则，与民企逐利性相悖，第二，民企融资成本过高，难度大，难以组织规模庞大的资金投入 PPP 项目，第三，民企难以应对规模庞大的 PPP 投资运营和维护，如轨道交通、综合管廊和环境治理项目等。[①]

到了 2017 年，国家逐渐意识到 PPP 发展过快、过热问题，为防范风险，规范发展，2017 年 4 月 26 日，财政部、国家发展和改革委员会、司法部、人民银行、银监会、证监会联合下发《关于进一步规范地方政府举债融资行为的通知》，命令禁止地方产业基金、PPP 项目中各类变相举债行为。2018 年的第二个季度中，通过对《关于规范政府和社会资本合作（PPP）综合信息平台项目库管理的通知》(财办金〔2017〕92 号）相关精神的学习与继承，各地继续有效加大了项目库管理力度，有效推动不合规项目清理工作的顺利进行。根据相关统计数据显示，整个第二季度过程中，共有 856 个项目从管理库之中清退而出，合计 9569 亿元涉案投资额，这说明库中项目的质量亟待提升。与此同时，整个第二季度过程中，管理库之中项目新增数量高达 1185 个之多，合计 14249 亿元投资额，项目覆盖全国 31 个省（自治区、直辖市）及新疆兵团，这就意味着 PPP 模式的全国化推进进程的有效实施。[②]

可以说，经过几年的火热发展，我国的 PPP 市场已经到了需梳理整顿和规范的阶段。

（六）PPP 项目合同履约主要风险

结合 PPP 项目常见风险和 PPP 项目合同审阅经验，PPP 履约风险可

[①] 吴敏：《PPP项目违约风险端倪，立法和务实是关键》，载搜狐网http://www.sohu.com/a/120554655_162758，最后访问时间：2018年2月6日。

[②] 财政部PPP中心：《"中国PPP大数据"之全国PPP综合信息平台项目管理库2018年二季度季报》，载《中国经济周刊》2018年第31期，第52页。

归纳为以下几个主要方面：

第一，合同的风险性较高，主要表现在：定义／条款中相关约定模糊、合同中相关文件自相矛盾、合同中相关条款效用消失等情况。若是在项目推行过程中遇到时则会导致诸多问题：首先，执行中遇到具体风险回头找合同依据时，遭遇空白和障碍，不利于项目推进；其次，执行中的风险与合同本身风险叠加致使不良效应扩大，可能恶化项目风险。因此，合同本身风险防范是项目风险防范的根基，应当引起重视。

第二，当事人履约风险，主要集中在当事人诚信度、履约能力（主要包括了政府财政收支情况与非经营性、准经营性项目之间关系的密切度，以及社会资本资金水平）以及政府干预等。此类风险指的是受到当事人自身因素影响的风险，经济活动的成败与主体主观能动性发挥程度紧密相关，项目参与主体的实力和主观能动性越强，项目推行也越顺利，即使遇到困难，也能通过主观能动化险为夷。但其只是一张完全度较低的契约，其所拥有的功效，仅仅是对多方利益博弈的平衡状态进行展示，事情的整个发展过程是动态化的，这就意味着在这一动态发展的过程之中，如何有效地对以上所述的平衡状态进行保持，将对合作者来说是巨大的挑战。另一方面，在整个事情发展的动态过程之中，其他利益方需要由始至终都保持着一种针对合作目的而进行程度较高的自省，以及针对某些短视行为而出现的自觉性规避，方能稳妥前行。因此，当事人履约风险是项目风险防范的重要影响因素，如何从"人"的角度进行项目（企业）风险防范，是一个常思常新的问题。

第三，合同执行风险，如项目融资（如融资交割、资金到位、利率风险等）、建设风险（如工期问题）、经营风险（如市场价格波动、项目经营收益情况不佳）、项目回购风险、项目公司日常经营管理风险等。这是对一个完整项目各组成环节可能存在风险的归类，蚁穴可溃千里长堤，每一个环节都需要做好风险防范措施，才能稳筑项目成功的堡垒。

第四，其他外部风险，主要包括：由于法律政策突变所导致的风险、征用及公有化所导致的风险以及情势变更等。这类风险是指非人为因素能左右的因素，对于这类风险，重点考虑发生时的风险分配及后续处理问题。①

二、国内外研究动态综述

（一）国外研究综述

关于 PPP 的概念，国外并无一致的定义，甚至对于 PPP 的内涵与外延，也存在较大争议。对公私合作的研究在国外主要兴起在 20 世纪 70 年代以英国为代表的民营化时期。关于 PPP 项目合同争端解决，未见专著或者系统性论述，有的仅是国别争端情况介绍，或者争端解决散见于学者学术文章中或者立法当中。

在理论研究层面，美国民营化大师萨瓦斯所著的《民营化与公私部门的伙伴关系》的影响范围最大，影响力最为深远，该书对公私合作模式进行了系统的介绍分析。英国学者达霖·格里塞姆和澳大利亚学者莫文·K·刘易斯是专门研究基础设施 PPP 的专家，其经典著作《公私合作伙伴关系：基础设施供给与项目融资的全球革命》，是迄今为止不多见的对特许经营本质、起源、框架协议、核心机理以及项目管理等进行系统认识和论述的著作。②

本书对于国外 PPP 项目合同争端的借鉴和启发，主要是文献基于对不同国别争端相应争端的介绍，通过抽象或者归纳展开。

---

① 刘理、沙姣：《PPP争议解决系列谈之六：PPP项目合同履约风险防范》，载2017年3月15日微信公众号"PPP知乎"，最后访问时间：2018年2月27日。
② 李亢：《PPP的法律规制——以基础设施特许经营为核心》，法律出版社2017年1月第1版，第14页。

（二）国内研究综述

我国 PPP 模式先后经历了四个发展阶段，即 1995 年至 2003 年的选择试点阶段、2004 年至 2013 年的全面推进阶段、2014 年至 2016 年的快速发展阶段、2017 年至今的规范发展阶段，我国的 PPP 发展规模已经稳居世界第一。

理论层面，对于 PPP 项目合同的性质，存在重大争议。本书至少搜集到八种观点，即行政合同说、民事合同说、行政许可中的特许论说、经济合同说、混合合同说、独立合同说（第三类合同说）、信托说、具有行政因素的民商事合同说等观点。而就在这些观点当中，有一些具有较为深远的影响，分别是行政合同说[①]、民事合同说[②]、混合合同说[③]。有的学者指出，对合同性质的判断必然会影响合同争议解决机制的建立。[④] 2014 年 11 月 1 日修正的《行政诉讼法》第十二条将原本并不存在争议的 PPP 项目合同争端解决方式变得复杂并充满争议，有人主张属于行政争议、有人主张民事争议，有人主张可以商事仲裁、有人主张不可以商事仲裁，莫衷一是。

国内多是理论分析文章，未见系统性的 PPP 项目合同争端解决理论专著。顾功耘教授主编《公私合作（PPP）的法律调整与制度保障》将部分学者论文汇编成册，文章涉及基本理论、协议分析、政府职责、公私利益平衡、理论研究综述等，很少部分提及争端解决，更难言争端解

---

① 邢鸿飞：《政府特许经营协议的行政性》，载《行政法学》2004年第7期；李霞：《行政合同研究：以公私合作为背景》，社会科学出版社2015年版。

② 周兰萍：《PPP特许权协议的法律性质及立法建议》，载《建筑时报》2014年9月1日，第3版。

③ 国家发展改革委法规司：《我国PPP立法要重点解决七大问题》，载《中国经济导报》2016年12月7日，第2版。

④ 吴钰：《PPP项目合同争议解决机制研究》，2017年武汉大学法学专业硕士学位论文。

决专题。① 李亢在其专著《PPP 的法律规制——以基础设施特许经营为核心》中指出，特许经营合同是一种兼具行政和民事双重法律属性、典型的"政府商事合同"，在进行民事争议解决过程当中，倡导有效遵循合同法中所规定的相关原则以及民事争议解决机制中的相关规定，并且由当事人实行主导权，进一步采取协商、调解、仲裁乃至诉讼等措施。需要注意的是，在这一过程中，公有因素与私有因素需要紧密联结在一起，与此同时，还必须对合同中所规定的双方财产的性质的权利义务予以充分的考虑，并且对公共政策中所展现出来的政府意志的相关关系加以有效的展示。② 赵洪升编著《PPP 项目争端解决实务操作之一：城镇燃气篇》，是国内为数不多的 PPP 争端解决实务著作，但实务有余理论不足，且集中于城镇燃气，非宏观意义上的 PPP 项目合同争端解决理论与实务专著，但其中的实务操作具有一定的借鉴价值。③

本书立足于从宏观层面理论联系实际，就 PPP 项目合同争端解决机制做深入系统研究，并提出个人观点。

三、研究方法

（一）历史分析方法

历史分析方法是唯物史观在法学研究领域的具体体现，也是法学研究必不可少的研究方法。其研究价值就是透过事物或者现象的产生、发展直至消亡的历史考察，分析其原因、优点和不足，清晰把握事物发展脉络。法律现象作为一种客观事物，也有其发展、变化规律。透过对

---

① 顾功耘主编：《公私合作（PPP）的法律调整与制度保障》，北京大学出版社2016年版。

② 李亢：《PPP的法律规制——以基础设施特许经营为核心》，法律出版社2017年版，第196~197页。

③ 赵洪升：《PPP项目争端解决实务操作之一 城镇燃气篇》，法律出版社2016年版。

PPP 项目合同产生原因、历史发展、现实问题的理性分析，寻求问题解决之道，促进 PPP 事业的健康、稳健发展。

（二）比较分析方法

比较分析主要体现在两方面，一是一国不同时期的内部比较；二是不同国度具体制度的跨国界比较。通过比较，了解异同，分析背后原因。他山之石，可以攻玉。本书主要进行了不同国家的比较，参考英国、法国、德国、美国、韩国、拉美地区国家、我国台湾地区的法律法规及 PPP 争端解决实务，作为我国 PPP 事业发展的借鉴。

（三）案例分析方法

案例教学和研究发挥着越来越重要的作用。PPP 项目合同纠纷在司法实践中屡见不鲜，可以预期的是，将会有更多的纠纷案例出现。通过系统地梳理相关典型案例，就 PPP 项目合同性质、PPP 项目合同争端性质、违约损害赔偿等问题进行总结分析，找出共性、寻找差异，并力求探究背后规律性东西，用以指导案例，较好地做到理论和实践相结合。

（四）法经济学分析方法

法律经济学作为一种思维方式，具有简洁、经验主义和务实的优点。[①] 在进行法经济学分析的过程当中，需要有效利用效率优先这一基础，与此同时，为当事人争得最大权益。法律的各种状态的分析过程，主要涉及应然状态与实然状态的分析。法律经济学要求法律制度的选择是理性的，是对社会进步有益的和需要的。[②] PPP 项目合同纠纷不仅事关合同双方，而且涉及公共利益，需要在多种纠纷解决方式中找出更为

---

① ［美］唐纳德·A.威特曼：《法律经济学文献选编》，苏力等译，法律出版社2006年版，第3页。

② ［美］斯蒂文·萨维尔：《法律的经济分析》，柯庆华译，中国政法大学出版社2009年版，第35页。

理性的、对社会发展更为有利的方式，妥善及时解决纠纷，从而实现公共资源配置的最优和社会效益的最佳。

四、研究重点和创新点

（一）研究重点

本书共分六章，体系严谨，论证层层递进，内容全面但又详略得当。有简述，有重点，并非平均用墨。本书研究的重点问题有以下几方面：

1. 关于 PPP 项目合同争端的分析。本书通过常见 PPP 项目合同争端类型以及原因分析，指出契约精神的重要性，诸多项目合同出现问题，根本在于合同方契约精神的缺乏。

2. 关于 PPP 项目合同的性质。本书总共搜集到八种观点，有行政合同说、民事合同说、混合合同说等，在分别介绍诸种学说的同时，本书重点论述了 PPP 项目合同应为具有行政因素的民商事合同观点。

3. 关于 PPP 项目合同争端的性质。对于争端的性质与合同性质的关系，本书从法律部门的划分、法律关系的界定入手，认为 PPP 项目合同争端的性质与 PPP 项目合同的性质没有必然因果关系，争端性质取决于争议的标的本身。

4. 关于争端机制的完善。针对司法实践中存在的 PPP 争端解决问题，本书经过考察域外 PPP 项目合同争端解决，从理论到实务提出了系统的完善建议，有些观点系本书首次系统性提出，诸如引入惩罚性赔偿制度、引入公益诉讼制度、在国务院层面设立正部级的独立的 PPP 项目协调议事机构、在《合同法》中将 PPP 项目合同明确为有名合同。

（二）创新点

本书的主要创新点有以下七点：

1. 提出 PPP 项目合同应为具有一定行政因素的民商事合同的观点，认为单纯的行政合同说、民事合同说均有不周延之处，混合合同说看似两者兼顾，实则不但没有厘清理论问题，而且没有解决实际问题。

2. 指出 PPP 项目合同性质并不必然决定合同争端性质，PPP 项目合同性质与合同争端性质没有必然联系，判断争端属于民事争议还是行政争议不仅要看合同的性质，更主要的要看争端本身的法律属性，如果争端属于行政争议则应该通过行政复议或者行政诉讼解决，如果争端属于民事争议则可以通过商事仲裁或者民事诉讼解决。

3. 倡导在国务院层面设立正部级的独立的 PPP 项目协调议事机构，该机构由国务院直接领导，不属于任何部委，超越部门利益。

4. 目前，国家层面缺乏统一的 PPP 立法，为顺利推进 PPP 事业的顺利开展，本书探讨了制定统一的《中华人民共和国政府和社会资本合作法》的可行性。

5. 建议对违约方确立惩罚性违约赔偿制度。因为 PPP 项目合同涉及不特定多数人的社会公共利益，一旦一方违约，不但另一方利益受损，而且社会公共利益也会遭殃，因此，应对违约方实施惩罚性赔偿制度。同时，鉴于实际上的政府的强势地位，本书建议对政府的惩罚性赔偿要重于对社会资本方的惩罚性赔偿。

6. 讨论了引入公益诉讼，维护社会公共利益的可能性。政府方、社会资本方任何一方违约，公共利益都极有可能受损。如果合同相对方不及时主张权利，放任公共利益的进一步受损，法律规定的国家机关和社会组织就应当提起公益诉讼。

7. 在《合同法》中增加 PPP 项目合同为有名合同，在实体法方面对合同主要内容予以明确。

第二章　常见 PPP 项目合同争端分析

　　我国自 1995 年开始实施 BOT 模式建设发电厂以来，已经在电力、能源、污水处理、交通运输等多个行业试水 PPP 模式，积累了大量的实践经验，总体而言，我国 PPP 模式先后经历了四个发展阶段，即 1995 年至 2003 年的选择试点阶段、2004 年至 2013 年的全面推进阶段、2014 年至 2016 年的快速发展阶段、2017 年至今的规范发展阶段。[1]2018 年下半年又呈现出逐步回暖趋势。可以说，PPP 事业已经迎来了"发展的春天"，我国已经成为全球规模最大、最具影响力的 PPP 市场。[2] 截至 2018 年 6 月 30 日，全国 PPP 综合信息平台项目管理库（项目管理库是指准备、采购、执行和移交阶段项目，已完成物有所值评价和财政承受能力论证的审核）显示，入库项目 7538 个，入库项目金额高达 114610.41。[3]

　　与此同时，各种各样的 PPP 争端不断出现，可以预见，在不太长的时间内，PPP 项目合同将会出现各种各样的争端。就已经出现的纠纷来看，PPP 项目合同争端呈现以下几个特点：第一，数量呈现逐年增长趋势。随着 PPP 模式的进一步推广，PPP 项目合同争端呈现出逐年增长的趋势。这种趋势，不仅体现在案件数量上，也体现在案件争议标的数额上。第二，PPP 案件涉及的领域较为广泛。目前，PPP 项目大体分为十九个大的领域，包括但并不限于市政工程、基础设施、交通运输等行

---

　　[1]　刘如冰、苏南、冯春红：《基础设施PPP项目典型案例分析及建议》，载《建筑经济》2017年第11期，第59页。

　　[2]　杨溢仁：《财政部：中国已成全球规模最大最具影响力PPP市场》，来源新华网，转自搜狐http://www.sohu.com/a/201857862_123753，最后访问时间：2018年8月15日。

　　[3]　财政部政府与社会资本合作中心：《全国PPP综合信息平台项目管理库》，载http://www.cPPPc.org：8086/PPPcentral/map/toPPPMap.do，最后访问时间：2018年8月15日。

业，相应地，争议案件也就分布在诸多相关领域。第三，争端通常对社会公共利益有较大影响。因为 PPP 行业原本就涉及基础设施和公共服务，而基础设施和公共服务领域对不确定的社会公众利益产生直接或者间接的影响，需要妥善解决利益平衡问题。第四，争议路径的选择存有重大争议。2014 年 11 月 1 日修正的新的《行政诉讼法》第十二条第十一项明确规定：公民、法人或者其他组织认为行政机关不依法履行、未按照约定履行或者违法变更、解除政府特许经营协议、土地房屋征收补偿协议等协议的，需要将其视作行政案件并予以受理。这引发了理论界的困惑和实务界的无所适从。特许经营协议到底是民事协议还是行政协议？纠纷到底是行政纠纷还是民事纠纷？都有待进一步厘清。

第一节 常见争端类型分析

一、因特许经营区域范围不清引发的纠纷案

商丘 A 公司与商丘 B 公司侵权责任纠纷

文书编号：最高人民法院（2015）民申字第 256 号。

裁判规则：特许经营权范围认定的问题超出法院民事案件主管范围。

（一）基本案情

2007 年 12 月 27 日商丘 A 公司与经商丘市政府授权的商丘市市政管理局（即商丘市城市管理局）签订《管道燃气经营协议》，该协议约定特许经营权有效期限为 30 年；特许经营权行使地域范围为"商丘市城市规划区内"。2012 年 10 月 12 日商丘 B 公司与睢阳区政府签订《投

资建设天然气加气母站项目合同书》，约定由 B 公司在睢阳区境内投资建设城市基础设施（含燃气管道）。A 遂起诉 B 侵权。

（二）最高人民法院观点

最高人民法院再审认为，本案争议焦点为城市规划区域范围的确定是否属人民法院民事案件裁判范畴。在行政机关未明确本案《特许经营协议》之中所涉及的商丘市城市规划区域范围的情况下，对 A 依该协议所享有特许经营权的区域范围予以直接认定，不在人民法院民事裁判的范畴之内。但是，一审、二审裁定以 A 公司未能提供附件"特许经营区域范围图示"故不能证明其特许经营区域范围为由驳回其起诉不当。二审裁定关于界定城市规划区范围属于政府行政职权的意见正确，在该范围未经行政机关依法确定前，驳回 A 公司基于此提起的侵权诉讼，并无不当。

（三）案件评析

由于燃气特许经营权需要通过行政机关与燃气企业签署特许经营协议来授予，因此，特许经营权的行使区域主要由两个方面来确定，第一个是签订协议的行政机关的权限范围，第二个就是授权协议具体约定的区域范围。

实际上，尽管商丘市多个机关对区域范围界定有分歧，而区域范围的界定正是需要法院依职权查清的问题，法院应该继续深入审理，确定到底是否构成侵权，不应回避争议，更不能借此裁定驳回 A 公司起诉。本案历时数年，最终以此结果结案，不能称之为圆满，存有诸多遗憾。

二、政府重复授予特许经营权纠纷案

A 公司起诉 B 政府撤销与 C 公司签署的特许经营协议纠纷

文书编号：最高人民法院（2015）行监字第 2035 号。

裁判规则：政府行政行为违法，然而，对这一裁定进行撤销的话，将会导致国家利益或者公共利益遭受重大损害，所以，被诉具体行政行为被判定为违法，并且责令诉行政机关予以限期整改，对其所造成的相关损害进行有效的补救。

（一）基本案情

B住建局在B县政府授权下与A公司签订特许经营协议，协议签订3年后，又与C公司签订内容一致的特许经营协议。A公司起诉要求B政府撤销与C公司签署的特许经营协议。法院判决B政府的行政行为违法，但因撤销重复授权（第二个授权）会损害公共利益，不支持A公司的撤销合同请求。当事人不服，向最高人民法院申请再审。

（二）最高人民法院观点

本案争议焦点是，在认定重复授权违法的情况下，是否应当撤销后签署的特许经营协议？

B政府终止A公司的特许经营权，而将特许经营权授予C公司，属擅自改变已经生效的行政许可的违法行为，该种行为具有可诉性，同时程序违法，亦损害了A公司的信赖利益，一、二审法院确认被诉行政行为违法，并无不当，但是，撤销该具体行政行为将会给国家利益或者公共利益造成重大损失，被诉具体行政行为被判定为违法，并且责令诉行政机关予以限期整改，对其所造成的相关损害进行有效的补救，于判决生效后六个月内给予A公司合理弥补，并无不当，本院不予支持。最高法最终驳回A公司再审申请，主要是基于以下三点：首先，C公司在签订《特许经营合同》后已经基本完成市政道路铺设，基本建成管道燃气门站等管道燃气设施，并已取得D市市政局试运行的批复，C公司对工程投入大量人力物力财力，部分居民已经开始接受供气。若撤销该合同，将导致已经接受供气用户暂停用气，延缓即将用气居民的用气时间，影响居民的生活。其次，若撤销该合同，A 公司若无法接收 C 公司已建燃气设施，将导致工程重复建设，浪费市政资源，增加社会管理成本。再次，以燃气工程设施目前实施建设工作的进程与速度进行比较，C 公司的相关效率明显要比 A 公司更佳，对于政府行政管理的相关需求能够更加有效地满足，促成了行政管理职能的有效发挥，对公共利益做到了有效维护。[①]

（三）案件评析

如果了解了法院的裁判思维，可从以下两个方面着手调查取证、据理力争。第一，从政府依法行政、政府的守约义务和赔偿责任角度，给予行政机关一定压力；第二，可以从撤销重复授权的必要性、可行性并且撤销重复授权不会对公共利益产生重大损害予以分析论证，尽力维护最初授权燃气企业的权益。当然，如果能够拿出具体切实可行的补救方案，能够帮助政府摆脱困境，那是最好不过的事情了。

三、政府收回经营权纠纷案

和田市人民政府与和田市天瑞燃气有限责任公司经营权纠纷案

文书编号：最高人民法院（2014）民二终字第 12 号。

裁判规则：市政府解除合同的依据以及向建设局出具批复同意接管天然气运营业务的行为，按照相关法规条例将其归属于行政行为。虽然在当事人之间所存在的合同以及法律关系之间存在着一定的民事成分，然而双方之间的法律关系并不是平等主体之间所存在的民事关系，所以从法律关系上判定此案的性质不属于民事案件。也就意味着本案并不在人民法院民事案件受理范围之内，当事人相关诉讼请求，需要按照相关

---

① 赵洪升：《PPP项目争端解决实务操作之一　城镇燃气篇》，法律出版社2016年版，第18页。

行政法规条例重新提起行政诉讼。

（一）基本案情

2004 年 4 月 14 日，就和田市天然气利用项目工程的投资建设问题，新疆 A 公司与和田市政府经过协商之后进行了《和田市天然气利用项目合同》的签订，双方约定特许经营期 20 年。2008 年 9 月 12 日，和田市政府向 A 公司出具合同解除通知函。A 公司及其设立的项目 C 公司起诉要求继续履行合同，政府方提起反诉，辩称 A 公司违约在先。本案诉讼程序自 2008 年 12 月启动，先后经历中级人民法院、高级人民法院民事诉讼程序，最终于 2014 年 7 月由最高人民法院作出民事裁定，历时长达五年半。最高人民法院裁定该案不属于民事诉讼范围，而属于行政诉讼范围，撤销原民事判决并驳回双方诉讼请求。

（二）最高人民法院观点

最高人民法院终审认为，虽然原建设部颁布的《市政公用事业特许经营管理办法》针对市政公用事业市场化方向已经作出了明确的规定，允许鼓励通过签订合同这一形式推动对市政基础设施的建设与服务的提供，然而不能因为双方合作关系的建立是以合同方式为基础而否定特许经营权授予的行政许可性质。和田市政府解除合同的依据以及向建设局出具批复同意其接管 A 公司和 C 公司天然气运营业务的行为，按照相关法规条例将其归属于行政行为。针对这一政府行为，A 公司和 C 公司向人民法院提起了诉讼，通过对本案性质进行分析，确认其符合《行政诉讼法》第十二条第七项中针对行政诉讼受案范围的规定。虽然在当事人之间所存在的合同以及法律关系之间存在着一定的民事成分，然而双方之间的法律关系并不是平等主体之间所存在的民事关系，所以从法律关系上判定此案的性质不属于民事案件。也就意味着本案并不在人民法院民事案件受理范围之内，当事人相关诉讼请求的达成，需要按照相关行政法规条例重新提起行政诉讼。原审法院将本案作为民事纠纷予以受理并作出实体判决存在不妥，予以纠正。与此同时，和田市人民政府有关其同 A 公司和 C 公司之间合同以及要求 A 公司和 C 公司返还垫资款的反诉请求，同样不在民事案件的受理范围之内，本院亦不予处理。

（三）案件评析

本案争议焦点是政府单方解除特许经营协议引发诉讼属于行政诉讼还是民事诉讼？

因政府单方收回特许经营权导致的纠纷应该属于最难以调和的一种争端。不但政府与社会资本方矛盾尖锐，而且，经常社会资本方与下游建设承包方等之间也容易因政府单方收回特许经营权产生矛盾，特别是在政府强制收回的时候，矛盾更加尖锐，一旦处理不好，还容易引发社会稳定问题。

需要说明的是，2014 年 7 月 7 日，最高人民法院在作出二审裁定时，关于政府解除特许经营协议属于行政诉讼的司法解释还没有出台，能够充分体现最高人民法院将其归类于行政诉讼范围的倾向性。2015 年 5 月 1 日实施的司法解释印证了最高法先前的裁判思维。

毫无疑问，政府在社会资本面前行使行政权力具有天然的优越性，政府一旦收回特许经营权，社会资本极容易陷入被动局面。即使提起诉讼，通常也是困难重重。因此，社会资本方在没有做好通盘考虑或者证据还不完善的情况下，不建议轻率地发动诉讼，诉讼应作为最后的权利救济手段。另外，从风险防范的角度考虑，在 PPP 项目协议签订时，应该就政府收回特许经营权或者项目公司规定严格的条件、程序，并规定高额的赔偿责任或者明确的补偿计算办法，并尽可能地增加政府不得随意收回特许经营权的限制性条款，以保证 PPP 协议的遵守和执行。

与此案例类似的四川省巴中市人民政府申请确认四川巴万高速公路有限公司《特许经营协议》仲裁条款无效纠纷案，系因社会资本方不服政府通知解除《特许经营合同》申请仲裁而起，但法院审理结果与此相反。① 法院经审理认为，巴中市人民政府与四川巴万高速公路有限公司以 BOT 模式修建高速公路，双方签订的特许经营协议，虽然具有政府向社会公众提供公共设施的目的，但同时也具有签约双方获取一定经济利益的目的，该项目并非无偿的、单一的向社会公众提供公共服务，虽然协议一方为行政机关，但合同的相对方在合同的签订和履行过程中，仍体现了充分的意思自治，在合同订立和履行过程中政府并没有做出单方的行政行为，应当定性为民商事合同。法院经审理认为，巴中市政府和达州市政府为改善辖区公路网络，加强川东北经济区大运量通道建设，促进革命老区和贫困地区优势资源开发和经济社会快速发展，决定开发建设巴中至万源高速公路。从巴中市政府和达州市政府与项目公司即巴万高速路公司签订的特许权协议约定的主要内容看，巴中市政府和达州市政府授权巴万高速路公司具体实施该项目的投资、建设、经营、维护及移交等事宜，其中包含运营期间的收费事项。由此可见，双方签订的特许权协议系典型的 BOT 协议，其一方面具有政府向社会公众提供公共设施的目的，同时又具有签约双方获取一定经济利益的目的，该项目并非是巴中市政府和达州市政府完全无偿、单一地向社会公众提供的公共服务。虽然巴中市政府和达州市政府作为合同一方的当事人出现在本案当中，但是双方在合同制定以及实施相关决策的过程当中，完全是按照双方自愿的原则进行的，合同的相对人巴万高速路并未受巴中市政府和达州市政府单方行政行为的强制，同时协议还约定巴中市政府和达州市政府保证按照协议约定向巴万高速路公司实施项目建设提供必需的政策支持和必要的协助，且协议的内容主要涵盖了合同双方具体权利义务以及违约责任的相关界定，整个合同的内容，有效体现出了合同双方的平等以及自愿的原则；合同之中所载明的相关规定并不仅仅包含行政审批或者

---

① 文书编号：北京市第二中级人民法院（2017）京02民特11号。

行政许可事项，合同涉及的相关行政审批和行政许可等其他内容，实质上是对合同的履行，属于合同的组成部分，并不能作为本案中合同的性质界定依据。因此，从涉案特许权协议的目的、主体、职责、双方权利义务等内容进行分析，其具有明显的民商事法律关系特征，应当认定为民商事合同性质。很显然，北京市第二中级人民法院对行政协议的范围做了限缩解释，将解除政府特许经营权的行为认定为解除合同的民事行为。

四、管辖权纠纷案

河南新陵公路建设投资有限公司与辉县市人民政府管辖纠纷案

文书编号：河南省高级人民法院（2015）豫法民一初字第 1 － 1 号、广东省高级人民法院（2015）民一终字第 244 号。

裁判规则：虽然政府作为合同一方的当事人出现在本案当中，但是双方在合同制定以及实施相关决策的过程当中，完全是按照双方自愿的原则进行的，合同的相对人并未受到当事人的行政行为所影响。合同的内容主要涵盖了合同双方具体权利义务以及违约责任的相关界定，整个合同的内容，有效体现出了合同双方的平等以及自愿的原则；合同之中所载明的相关约定并不仅仅包含行政审批或者行政许可事项，合同涉及的相关行政审批和行政许可等其他内容，实质上是对合同的履行，属于合同的组成部分，并不能作为本案中合同的性质界定依据。通过对本案合同的主体、职责、行为、目的以及内容等相关方面进行分析，合同具有较为明显的民商事法律关系特点，应当归属于民商事合同的范畴。

（一）基本案情

河南省辉县市新陵公路建设指挥部与河南省万通路桥建设有限公司于 2004 年 9 月 15 日，就经营辉县上八里至山西省省界公路项目签订了相关协议书，其中明确约定：项目的投融资、建设以及经营管理皆由万通路桥出资设立的新陵公司承办。后因辉县市政府未能对"路段两端的接线等相关问题的协调工作"进行有效执行，导致新陵公司所修路桥沦为断头路，无法正常投入使用，进一步致使新陵公司的合同目的难以实现。新陵公司起诉辉县市政府要求赔偿，辉县市政府辩称本案应适用行政诉讼程序，而非民事诉讼程序。

（二）最高人民法院观点

最高人民法院二审认为，本案是典型的 BOT 模式的政府特许经营协议。本案之中所涉及的合同，其直接目的是开展新陵公路的建设工作，然而这一项目开发的主要目的是为新陵公路进行建设开发与经营，并在此基础之上设立新陵公路收费站。整个项目开发的目的并不是将公共服务通过无偿开放的方式向公众进行提供，而是以营业为目的服务。虽然辉县市政府作为合同一方的当事人出现在本案当中，但是双方在合同制定以及实施相关决策的过程当中，完全是按照双方自愿的原则进行的，合同的相对人新陵公司并未受当事人辉县市政府的行政行为所影响。合同的内容主要涵盖了合同双方具体权利义务以及违约责任的相关界定，整个合同的内容，有效体现出了合同双方的平等以及自愿的原则；合同之中所载明的相关约定并不包含行政审批或者行政许可事项，合同涉及的相关行政审批和行政许可等其他内容，实质上是对合同的履行，属于合同的组成部分，并不能作为本案中合同的性质界定依据。通过对本案合同的主体、职责、行为、目的以及内容等相关方面进行分析，发现合同具有较为明显的民商事法律关系特点，应当归属于民商事合同的范畴，不属于《行政诉讼法》第十二条第十一项、《最高人民法院关于适用〈中华人民共和国行政诉讼法〉若干问题的解释》（法释〔2015〕9 号）①第十一条第二款规定的情形。所以，因 PPP 项目合同问题所导致的合同争议，其本质是平等的

---

① 该文件已于2018年2月6日被《最高人民法院关于适用〈中华人民共和国行政诉讼法〉的解释》废止，下同。

民事行为主体之间的争议，应当按照民事诉讼法中所规定的相关程序提起民事诉讼，并不是行政复议、行政诉讼的手段予以解决，其性质不受 PPP 项目合同的一方签约主体是政府这一事实的影响。[①]

（三）案件评析

有学者认为，本案裁定没有确认《协议书》属于政府特许经营协议，即行政协议，将其定性为民商事合同。但从《行政诉讼法》第十二条以及《最高人民法院关于适用〈中华人民共和国行政诉讼法〉若干问题的解释》第十一条两个条文的内容看，其立法本意是将政府特许经营协议有效纳入行政诉讼程序涵盖范围之内。与此同时，由于政府特许经营协议的内容包含有民商事法律关系，《最高人民法院关于适用〈中华人民共和国行政诉讼法〉若干问题的解释》又于第十四条规定，行政协议在适用行政法律规范的同时，亦可适用民事法律规范。从第十四条的表述方式来看，应以行政法律规范为主，民事法律规范为辅。因此，现有立法将政府特许经营协议定性为行政协议，主要适用行政诉讼程序，而本案裁定与立法规定相偏离。[②]

五、投资款返还纠纷案

阳江市海陵岛经济开发试验区管理委员会与阳江市新科实业投资有限公司合同纠纷上诉案

文书编号：广东省高级人民法院（2010）粤高法民二终字第 43 号。

裁判规则：本案合同之中所提的相关行政审批与行政许可，实质上是合同的组成部分，属于合同履行行为范围之内，并不能作为合同性质界

---

① 胡智勇：《PPP 项目合同纠纷中仲裁争议解决方式》，载 2015 年 8 月 28 日微信公众号"PPP 知乎"，最后访问时间：2018 年 1 月 13 日。

② 陈学辉：《政府特许经营协议诉讼管道 ——评最高人民法院（2015）民一终字第 244 号民事裁定》，载微信公众号"PPP 法治"，最后访问时间：2018 年 3 月 8 日。

定的依据。通过对本案合同的目的、内容、订立以及履行等相关内容的分析，合同的民商事法律关系特征明显，应归属于民商事合同的范畴。

（一）基本案情

1999年11月27日和2001年2月8日，就马尾岛高级海滨度假区的开发问题，阳江市海陵岛经济开发试验区管理委员会与阳江市新科实业投资有限公司分别进行了相关协议书、开发书等文件的签订。其中明确约定：马尾岛以内的沙滩、周围海域和可利用的半岛腹地由海陵岛管委会予以提供，项目的投资开发以及后期经营则由新科公司完成，如若新科公司未能按照相关合同内容履行其职责，海陵岛管委会有权对合同予以终止。2008年9月，海陵岛管委会向新科公司送达了关于解除《投资开发马尾岛高级旅游度假区的合同书》及收回马尾岛经营权的通知。双方遂酿纠纷。新科公司就这一问题向人民法院提起民事诉讼，并要求海陵岛管委会对已经投入项目的相关款项与利息予以返还。当事人海陵岛管委会辩称本案不属于民事纠纷，应适用行政诉讼程序。

（二）广东高院观点

广东高院终审认为：从合同主体来看，虽然海陵岛管委会这一行政机关作为合同一方的当事人出现在本案当中，但是双方在合同制定以及实施相关决策的过程当中，完全是按照双方自愿的原则进行的，合同的相对人新科公司并未受到对方当事人行政行为的影响。合同的内容主要涵盖了合同双方具体权利义务以及违约责任等条款规定，整个合同的内容，有效体现出了合同双方的平等以及自愿的原则；合同之中所载明的相关约定并不仅仅包含行政审批或者行政许可事项，合同涉及的相关行政审批和行政许可等其他内容，实质上是对合同的履行，属于合同的组成部分，并不能作为本案中合同的性质界定依据。通过对本案合同的主体、职责、行为、目的以及内容等相关方面进行分析，合同具有较为明显的民商事法律关系特点,应当归属于民商事合同的范畴。

(三)案件评析

本案及其文书均出现在 2014 年 11 月 1 日修正的《行政诉讼法》实施之前,与最高人民法院于 2015 年 10 月 28 日作出的(2015)民一终字第 244 号民事裁定书如出一辙,基本理念、基本观点、论述逻辑基本相同,只不过没有行政协议的明确表述。

另外,江苏省盐城市阜宁县益林镇人民政府申请确认凯发污水处理公司《特许经营协议》仲裁条款无效纠纷案,也是社会资本方申请仲裁要求返还土地出让金引起。[①] 北京市第二中级人民法院审理认为,虽然政府作为合同一方的当事人出现在本案当中,但是双方在合同制定以及实施相关决策的过程当中,完全是按照双方自愿的原则进行的,合同的相对人并未受到对方当事人行政行为的影响。合同的内容主要涵盖了合同双方具体权利义务以及违约责任等条款,整个合同的内容,有效体现出了合同双方的平等以及自愿的原则;合同之中所载明的相关约定并不仅仅包含行政审批或者行政许可事项,合同涉及的相关行政审批和行政许可等其他内容,实质上是对合同的履行,属于合同的组成部分,并不能作为本案中合同的性质界定依据。通过对本案合同的主体、职责、行为、目的以及内容等相关方面进行分析,合同具有较为明显的民商事法律关系特点,应当归属于民商事合同的范畴。

六、社会资本方违约纠纷案

成都路桥工程股份有限公司、四川宜威高速公路有限公司因融资不到位被宜宾市人民政府解除《宜威高速项目投资协议》和《宜威高速项

---

① 文书编号:北京市第二中级人民法院(2017)京02民特272号裁定书。

目特许权协议》案

（一）基本案情

宜威高速公路的四川境段 BOT（建设－经营－移交）项目于 2014 年进行招标并且成都路桥公司最终中标。项目总投资预计高达 82 亿元之多，整个项目施工周期预期为 4 年，完成之后投入使用将会约有 29 年 11 个月 27 天的运营期，项目金额约占公司 2013 年度经审计营业收入的 192%。旨在对宜威高速项目的施工与营运进行有效统筹并进一步提升其效率，成都路桥公司专门设立了四川宜威高速公路有限公司，公司总注册资本高达 4.1 亿元。然而，直至 2014 年末，整个宜威高速公路 BOT 项目的开工并未有任何实质性的进展，并且在 2015 年上半年也并未有任何起色。据成都路桥公司半年报中所示，项目整体投资体量巨大，并且在启动这一项目的初期公司就面临着巨大的资金压力，截止本书完成时间，该项目均未有任何实质性的进展，并且也进一步导致成都路桥公司整体业绩受到极大影响，上半年成都路桥公司的净利润仅为 518 万元，较同期下降 84.71%。

依照《投资协议》显示，整个项目资金的投入必须在项目投资总额 82 亿元的 25% 以上，这就意味着成都路桥公司需要投入 20.5 亿元的资金，与此同时，整个项目的负债性资金必须在项目投资总额的 75% 以下，这就意味着成都路桥公司的负债资金不得高于 61.5 亿元。然而，直至 2017 年 8 月，项目建设仍未出现任何实质性的进展。针对项目迟迟未能启动这一情况，成都路桥公司方面表示，其主要原因在于公司内部部分股东之间存在意见不齐进一步导致项目融资难以有效完成。①

---

① 金微：《警钟！80亿PPP项目融资困难终止，社会资本方承担500万违约金》，载 2017年8月11日微信公众号"PPP头条"，最后访问时间：2018年3月12日。

（二）案件评述

社会资本方成都路桥公司由于融资不力，不能按照约定完成融资启动项目，已经构成根本违约。本案并未经过诉讼或者仲裁途径，而是政府径行行使合同约定的解除权，社会资本方同意政府解除《投资协议》《特许权协议》，缴纳的 500 万元保证金不予退还，互不追究其他法律责任。

客观讲，这个项目最终失败，政府和社会资本方都有责任。站在政府的角度上来说，项目实施前期并没有针对性地对其可行性进行研究，另一方面，也未能有效地同金融机构进行相关分析与研究，使得整个项目的可行性，并没有得到银行的认证。另一个方面，站在社会资本方的角度来说，项目本身并不具有较好的可融资性，并且整个项目的融资条件，在投标人进行报价的过程中并没有预先与金融机构进行商榷并达成一致，所以整个项目并未获得金融机构的支持。通过这一事例可以看出，相关政府机关在处理此类问题时，务必加重融资受阻而导致违约行为的惩处效力，进一步加大社会中各项资本背景实力能力以及信誉考察工作的力度，在协议签订的过程中，不能过于盲目。在进行项目招投标的过程之中，社会资本需要在同银行等相关金融机构完成有效对接之后，制定出相应的科学合理的融资方案，并通过其内部必要的决策流程做出项目投标的相关决定，这样才有可能顺利推进 PPP 项目。本案中，应该是社会资本方对项目的争取过于重视，将工作的重点都置于同政府谈合同之上，进而对银行方面的合同谈判出现了忽视，进一步导致了政府合同签订完成，融资却出现阻碍的情况，最终造成政府方认真对待后，社会资本方因为违约不得不出局的局面。

另外，还需要警惕社会资本方是否自己实际施工，如果社会资本方还要将工程交予其他公司施工，或者依靠其他公司融资，项目的风险就会进一步会加大。据报道，本案项目真正施工方是另家公司，成都路桥担负融资，在承建上与另家公司按比例分成，与另家公司的合作不顺利也是导致失败的一个重要原因。

七、回购款支付依据纠纷案

北京北方电联电力工程有限责任公司与乌鲁木齐市交通运输局其他合同纠纷案

文书编号：最高人民法院（2014）民二终字第 40 号。

（一）基本案情

2007 年 4 月 28 日，乌鲁木齐市城市交通局（以下简称"交通局"）与北京北方电联电力工程有限责任公司（以下简称"北方公司"）签订《BOT 投资协议书》，约定由北方公司承建总长度约 60.1 公里的乌鲁木齐市乌拉泊至板房沟、水西沟公路。2008 年 6 月 7 日 9 时起，北方公司正式开始公路的试运营与收费，2009 年 6 月 12 日乌鲁木齐市昌吉州发展和改革委员会、乌鲁木齐市城市交通局于下发相关通知，规定自 2009 年 6 月 15 日零时起停止对乌拉泊至板房沟、水西沟收费站收费。双方进入清算阶段，但对于回购依据发生争议，北方公司申请法院司法鉴定，但政府方要求按照评估机构评估结果回购。

（二）最高人民法院观点

最高人民法院终审认为，交通局行政主体的身份并不必然决定本案为行政纠纷，BOT 协议中交织着两种性质不同的法律关系，在民事合同关系中的双方当事人，是相关行政法律关系中的行政主体和行政相对人，双方主体重叠，不能因此否认双方民事合同关系的存在及独立性。争议法律关系的实际性质，不能仅凭一方主体的特定身份确定，需判断争议是否与行政主体行使行政职权相关。本案当事人间就回购款支付依据发生的争议，不涉及具体行政行为，有关回购原因的行政行为与回购争议本身相互独立，对回购依据的争议，独立于相关协议终止前的行政行为，属于民事纠纷。

（三）案件点评

本案存在行政行为与民事行为的交叉，决定停止收费的行政行为构成回购原因，请求支付回购款属于因行政行为引起的民事法律行为，二者并非同一法律关系。当事人的诉求如果仅涉及民事法律关系，与行政法律关系没有关联，法院作为民事案件受理没有任何问题。

第二节　常见争端原因分析

PPP 项目合同的成败，取决于多方面的综合因素。经梳理国内典型 PPP 项目合同失败案例，总结失败原因见表 1：[①]

表 1　典型 PPP 项目失败原因分析

序号	项目名称	失败原因	备注
1	① 杭州湾跨海大桥 ② 鑫远闽江四桥 ③ 福建泉州刺桐大桥 ④ 南京长江隧道	项目唯一性风险	政府回购
2	① 上海大场水厂 ② 上海延安东路隧道	法律变更风险	① 政府回购

---

① 武汉市PPP促进会：《16个案例看中国PPP项目失败的主要风险，涉及公路、桥梁、隧道等多个领域》，载http://www.sohu.com/a/194591082_221394，最后访问时间：2018年6月21日。

续表

序号	项目名称	失败原因	备注
3	① 上海大场水厂 ② 北京第十水厂	审批延误风险	① 泰晤士水务出售大场水厂的股份； ② Anglian 从北京第十水厂项目中撤出
4	① 青岛威立雅污水处理项目 ② 上海大场水厂	政策决策失误冗长	① 重新谈判； ② 政府回购
5	① 上海大场水厂 ② 北京第十水厂 ③ 天津双港垃圾焚烧发电厂	政治反对	① 政府回购； ② Anglian 从北京第十水厂项目中撤出； ③ 进退两难
6	① 长春汇津污水处理厂 ② 廉江中法供水厂	政府信用风险	① 政府回购； ② 谈判没有结果
7	湖南某电厂	不可抗力	没收保函，项目彻底失败
8	① 湖南某电厂 ② 四川宜威高速公路	融资风险	① 没收保函，项目彻底失败； ② 取消特许经营，终止合同
9	① 天津双港垃圾焚烧发电厂 ② 京通高速公路	市场收益不足风险	
10	武汉汤逊湖污水处理厂	配套设备服务提供风险	2004 年整体移交
11	① 山东中华发电项目 ② 杭州湾跨海大桥 ③ 鑫远闽江四桥 ④ 福州泉州刺桐大桥	市场需求变化风险	
12	山东中华发电	收费变更	
13	① 沈阳第九水厂 ② 廉江中法供水厂	政府腐败	

一、公共主体因素

1.政府审批延误。社会资本进驻到上海大场自来水厂之后，为了实现资金的有效回笼，将对相关费用予以提高，但是公共服务价格的调整需要通过听证、审批等多项较为复杂的程序才能得以实现，整个过程之中还需要形成调高收费的意见，实际上，社会公众通常是反对提高价格的，阻力很大，最终以泰晤士水务退出上海大场水厂的股份告终。

2. 政府缺乏契约精神，不能兑现诺言。政府失信是 PPP 落地难的重要障碍和阻力。通常表现在以下两方面，第一，不能够提供约定的土地使用权、税收优惠、政策支持和配套服务设施等；第二，违反唯一性建设条款，建设其他可替代性项目，降低社会资本的收益率，杭州湾跨海大桥、福州鑫远闽江四桥、南京长江隧道、福建泉州刺桐大桥等项目都是由于竞争性项目的出现，致使市场收益降低，项目失败或者社会资本撤资。以鑫远闽江四桥为例，1997 年，福州市政府与福州鑫远城市桥梁有限公司签订了由鑫远城市桥梁有限公司投资兴建闽江四桥的《专营权协议》。福州市政府做出郑重承诺，保证 9 年之内从南面进出福州市的车辆全部通过收费站。如果因特殊情况不能保证收费，政府出资偿还外商的投资，同时保证每年给外商 18% 的补偿。2004 年 5 月 16 日，福州市二环路三期正式通车，大批车辆绕过闽江四桥收费站，致使公司的收入急剧下降，投资收回无望，政府又不兑现其回购经营权的承诺，致使投资商数亿投资血本无归。最后双方只得走上仲裁庭，福州鑫远城市桥梁有限公司向中国国际经济贸易仲裁委员会仲裁申请，要求受理其与福州市政府之间高达 9 亿元人民币的合同纠纷。[1]

3. 政府腐败。政府腐败不仅会损害政府的形象，还会增加项目公司或者社会资本方的成本。以廉江中法供水厂为例，巨大的物质利益驱使中法水务集团对政府工作人员进行各种贿赂，规避各项法律法规。当然，业主内部人员也从中获取非法利益，致使水厂遭受巨额经济损失。沈阳第九水厂 BOT 项目中，通过对其影响力的违法利用，政府官员或代表向水务集团提出了不合法的财物要求，并且直接致使项目公司用于

---

[1] 崔世海：《盲目吸引外资承诺高回报 福州政府遭遇9亿纠纷》，载《中国经济周刊》2004年8月3日。

关系维护的成本大幅度提升，与此同时，也使得政府面临着巨大的违约风险。

二、合同因素

PPP 项目的顺利开展以及其最终目的的有效达成，离不开公平的合同风险分配机制、有效的合同激励机制以及合理的合同利益分配机制三者的有效利用。合同条款的高度完善性，不仅可以有效对相关方的权利义务加以明确，而且有利于纠纷的及时解决。G212 线高楼山隧道 A 标段项目，在双方所签订的合同之中并未针对相关风险作出任何分配。在实际项目建设过程之中，由于武九高速的新规划，分流了一定程度上的车流量，出现了现实问题却又缺乏法律依据，双方各执一词，最终项目出现烂尾僵局。[①] 国家体育馆（鸟巢）项目因为合同问题引发争议，主要是由于项目建设施工期间存在设计变更和工期拖延，对于由谁承担因此导致的超支成本成为最主要的争议问题。

三、采购因素（采购模式）

例如深圳大运中心 PPP 项目，整个项目的建设选用的模式是以商业——场馆——片区为单位进行多区域联动项目群，并非限于大运场馆本身的开发，极大调动了社会资本方的积极性，通过对商业运营资金的利用有效达成了场馆运营费用的平衡，与此同时，也对场馆的日常维护提供了有效的保障，对赛后利用问题做出了妥善安排。

时至今日，国家体育馆（鸟巢）项目在一定程度上来说仍然属于失败的项目，最主要的失败之处是可行性方案出现问题，对未来的预期收

---

① 王琨：《基于典型案例的县域城镇化进程中PPP项目失败因素分析及启示》，载《工程管理学报》2017年第3期，第67页。

益做出了与现实严重脱钩的估算。

四、私营主体因素

PPP 项目通常涉及几个亿、几十亿或者几百亿，如果想顺利推进，对社会资本提出了很高的综合方面的要求，包括但不限于雄厚的资金实力、经验丰富的专业团队、卓越的领导才能、良好的沟通协调，对社会资本方的自有资金或者融资能力更是提出了超高要求。G212 线高楼山隧道 A 标段、四川宜威高速公路项目的失败则直接是因为社会资本方欠缺融资能力所致。

五、社会因素

如果具备良好的社会氛围和条件，能够获得民众的支持，PPP 项目就有了良好的外部环境，反之，缺乏良好的社会氛围和条件，不能够取得民众支持，甚至遭到民众的反对，PPP 项目合同极容易走向失败。天津双港垃圾焚烧发电厂在选址环节没有做好听证程序，政府冒失推进，加之发电厂排放致癌气体引发民众上访投诉乃至群体性事件，企业叫屈，民众不买账，进退两难，企业经营陷入困难。

六、法律因素

与法律相关的因素主要是指有利的、系统的、完整的 PPP 法律框架，其中，法律的变更会对 PPP 项目的合法性、协议的有效性、产品的市场需求产生影响，进一步影响项目的正常运营。[①] 在长春市汇津污

---

① 张尚、梁晔华、陈静静、吕婉晖：《PPP项目关键成功要素研究》，载《建筑经济》2018年第2期，第65~67页。

水处理厂项目中，2003 年 2 月 28 日长春市政府发布"长府发〔2003〕4 号决定"，因《专营办法》违反了国务院有关"固定回报"的规定，经市常务会议讨论决定予以废止，之后排水公司对合作企业的污水处理费申请做出了拒绝。汇津公司先后向长春市中级人民法院、吉林省高级人民法院起诉和上诉，均被驳回，2005 年 8 月，时达两年之久的法律纠纷终告结束，由长春市人民政府出资 2.8 亿人民币进行回购，分三期支付。

有学者通过分析与研究国外 10 个、国内 31 个典型 PPP 项目合同案例，最终发现国内外 PPP 项目的成功，其关键在于公共主体因素与合同因素，与此同时，法律因素则在整个成功因素集群中发挥着较小的作用。如表 2 所示：①

表 2　国内外典型 PPP 项目关键成功要素的重要性比较

序号	国内 PPP 项目 关键成功因素排序	国外 PPP 项目 关键成功因素排序
1	公共主体因素	公共主体因素
2	合同因素	合同因素
3	采购因素	私营主体因素
4	私营主体因素	社会因素
5	社会因素	采购因素
6	法律因素	法律因素

一个成功的 PPP 项目少不了多方面因素共同作用，多数 PPP 项目的失败是多个原因所致，比如上海大场水厂的失败，既有公共主体的因素（政府审批延误），也有私营主体的因素（与政府的沟通协调），还有社会因素（民众反对），是多方面原因综合的结果。

由此可见，PPP 项目合同违约类型多、政府违约多，需要格外强调政府契约精神。梳理司法实践特别是法院的裁判思路，结合《行政许可

① 张尚、梁晔华、陈静静、吕婉晖：《PPP项目关键成功要素研究》，载《建筑经济》2018年第2期，第68页。

法》《行政诉讼法》及司法解释、大量案例，可以得出结论：政府特许经营协议争议作为民事案件提起仍有被认定为民事案件的可能性，但存在较大的不确定性，在特许经营协议项下约定民事诉讼或者仲裁的解决方式，虽然并非一定无效或者违法，仍然存在较大的风险，需要格外注意。

第三章　PPP 项目合同的法律性质分析

PPP 协议是一个合同群，其中涵盖了项目合同、融资合同、履约合同、股东协议以及保险合同等，项目合同是 PPP 协议的核心，如表 3 所示：①

表 3 PPP 项目合同是由 PPP 项目合同组成的合同群

合同阶层	合同名称		合同主体	合同目的（内容）
核心	项目合同		政府（或其执行机构）与社会资本方	明确项目范围与期限、融资、建设运营、维护、付费、履约担保、法律适用、争议解决等
中层	股东协议		项目公司股东之间	约定组成项目公司以及公司的运营、盈利及分配、风险分担等
	融资合同		项目公司与贷款方	进行项目融资
	保险合同		项目公司与保险公司	设立外部保险机制
外层	履约合同	工程承包合同	履约方与承包方	进行工程分包
		运营服务合同	履约方与运营商	外包项目运营工作
		原材料供应合同	履约方与供应商	购买原材料
		产品或服务购买合同	履约方与购买方	约定产品、服务提供方式

PPP 项目合同的性质问题是一个先天问题，从诞生之日起就没有定论，一直争论不休。那么，PPP 项目合同的性质究竟是公法还是私

---

① 王崇立：《论PPP协议的私法属性及社会资本方利益保护》，2017年山东大学法学专业硕士学位论文，第6页。

法？属于行政合同范围之内或者是民事合同范围之内？准确界定 PPP 项目合同性质除了具有完善法律理论和协调法律部门划分的意义之外，更具有现实的实践价值，即 PPP 项目合同出现争议，应该采用行政诉讼还是民事诉讼途径解决？[①] 所以说，这是一个重大的有待先决理清和处理好的问题。政府相关主管部门发布的文件，对于 PPP 项目合同的民事属性表示一致赞同，针对性地明确指出相关民事纠纷可以通过仲裁这一手段予以处理，并对双方作为合同主体的平等性，进行了一再强调，在有效践行互利互惠合作关系的过程中，务必建立在市场机制基础之上，并且在合同条款制定过程中，针对权利义务的保护作出相关约定。在进行合作的过程之中，政府与社会资本务必始终坚持平等协商、互利互惠、风险均摊、公平竞争、诚实守信的原则，切实有效地平等保护合作关系之中各方的相关合法权益；与此同时，还要求在合同签订过程中，对违约责任以及争议处理的机制予以明确。

2017 年 7 月发布的《基础设施和公共服务领域政府和社会资本合作条例（征求意见稿）》，就有关 PPP 项目合同属性的争议进行了刻意的回避，并且遵循两分法这一理念来实践争议的解决与处理，换言之，就是如果社会资本认为行政机关的相关行政行为不合法，则可以通过提出行政复议或者行政诉讼的方式，对自身诉求予以有效表达；另一方面，则选取仲裁或诉讼等方式解决其他 PPP 项目合同履行过程之中出现的争议。因此，在事实上对 PPP 项目合同实际上是民事与行政的混合体这一特性予以认可。

PPP 项目以特许经营为主要形态。[②] 客观说，除特许经营协议以外的其他 PPP 项目合同争议解决没有根本争议，通常作为民事争议解决处理，有争议的只是特许经营协议，因此，梳理特许经营协议的性质就足

---

① 广州仲裁委员会：《PPP的法律困境与突围》，载2015年11月16日公众微信号"PPP项目争端解决"，最后访问时间：2018年3月9日。
② 武文卿：《PPP是特许经营的主要形式之一》，载《中国招标》2018年第1期，第7页。

够了。

在这个问题上，仁者见仁智者见智形成多种学说，有授权说[①]、行政合同说[②]、民事合同说[③]、公法与私法兼备说[④]、经济合同说（公法和私法融合说）[⑤]、信托说[⑥]。有学者指出：虽然"经济合同说"对公法与私法的有效结合表示赞同，并且似乎有着超脱公法与私法视野的态势，然而实际上这是对特许经营协议法律性质的本质存在的不透彻理解，可见，该学者对"经济合同说"也持否定意见。[⑦] 笔者认为，上述各种学说分类，万变不离其宗，实际上，可以大体分为以下四类，即民事合同说、行政合同说、经济合同说、综合合同说理论。国家发展和改革委员会曾就基础设施和公用事业特许经营协议的性质问卷调查，认为属于行政协议占比为 20.97%，认为属于民事协议的占比为 19.35%，认为行政、民事性质兼而有之的高达 65.45%，认为属于其他性质的仅为 3.23%，如图 1 所示：[⑧]

①　虞青松：《公私合作契约的赋权类型及司法救济——以公用事业的收费权为视角》，载《上海交通大学学报（哲学和社会科学版）》2013年第5期。

②　邢鸿飞：《政府特许经营协议的行政性》，载《行政法学》2004年第7期。

③　辛柏春：《BOT项目协议的法律性质》，载《行政与法》2005年第5期。

④　邓敏贞：《公用事业公私合作合同的法律属性与规制路径——基于经济法视野的考察》，载《现代法学》2012年第3期。

⑤　史际春、肖竹：《公用事业民营化及其相关法律问题研究》，载《北京大学学报（哲学社会科学版）》2004年第4期。

⑥　赵意奋：《公用事业特许经营协议性质之辩考》，载《经济体制改革》2010年第6期。

⑦　陈阵香、陈乃新：《PPP特许经营协议的法律性质》，载《法学》2015年第11期，第25页。

⑧　国家发展和改革委员会：《基础设施和公用事业特许经营立法公众意见调查情况反馈》，载http://www.ndrc.gov.cn/gzdt/201605/t20160519_802249.html，最后访问时间：2018年4月5日。

基础设施和公用事业特许经营协议的属性：（单选题）		
选项	投票数	图形比例
行政协议	13	20.97%
民事协议	12	19.35%
两者兼而有之	35	56.45%
其他	2	3.23%

图1　基础设施和公用事业特许经营协议的属性

第一节　行政合同说

行政合同又称行政契约，是指行政主体以实施行政管理为目的，与行政相对方就有关事项经协商一致达成的协议。[①]

在当今福利国家中，行政合同几乎无处不在，得到了广泛应用。行政合同以合同的方式落实和强化责任，调动和发挥行政管理双方的积极性。[②]行政合同在我国应用得并不普遍，尚处于发展阶段。有学者认为，行政合同是公法私法化的典型代表，行政合同体现了契约精神在公法领域的介入，从而在很大程度上弱化了行政行为的单向性、命令性，突出了行政机关和行政相对人的沟通和交流，行政合同既具有契约的自治性、自主性、合意性，又在一定程度上体现了行政行为的优先性。与民事合同相比，行政合同具有明显的特点，首先，顾名思义，行政合同的一方当事人必须是行政主体，这是行政合同的性质决定的。其次，行政合同的目的是为了满足社会公共利益的需要，而并非为了谋求经济利

---

① 刘莘、马怀德、杨惠基：《我国行政法学新理念》，中国方正出版社1997年版。
② 邢鸿飞：《行政法学》，南京大学出版社1997年版。

益的最大化，这是行政活动的宗旨决定的。再次，行政机关在行政合同中享有行政优益权，这种优益权表现在：一是，行政主体对合同标的享有决定权、选择相对方的权利、对合同履行情况的监督权和指挥权；二是，行政相对方不履行契约时的直接强制执行权、直接解除契约权和对严重违法相对人的行政制裁权。该学者进一步从 PPP 项目合同的主体、内容、标的、目的等方面进行分析认为，PPP 项目合同完全具备行政合同的构成要件，现有的《民法通则》《合同法》等民事法律规范不足以涵盖 PPP 项目合同，因此，PPP 项目合同在法律性质上理应属于行政合同。[①] 有学者在进行相关研究的过程中，不断地深入 PPP 项目合同的主体、内容、标的、目的等方面的研究与分析，最终得出 PPP 项目合同在行政合同的构成要件上具有绝对的完备性这一结论，现有的《民法通则》《合同法》等民事法律难以对 PPP 项目合同进行有效的规范，所以，PPP 项目合同应当被划分到行政合同的范畴之中。[②] 有学者从文件效力、文件层级进一步分析认为，政府机关所颁布的相关《指导意见》《通知》仅为国家部委政策，本身并非法律，《通用合同指南》《合同指南》均为示范性、指导性且非强制实施的标准合同文本，仅具有参考作用。2015 年 5 月 1 日起施行的《最高人民法院关于适用〈中华人民共和国行政诉讼法〉若干问题的解释》（法释〔2015〕9 号）第十一条明确规定，政府特许经营协议的签订实质上是为公共利益或者行政管理目标的实现提供有力的保障。这一协议的签订，是行政机关与公民法人或者其他组织在法律规范之下，针对行政法上权利义务内容进行明确的协议，符合《行政诉讼法》第十二条第十一项中关于行政协议的相关规定，所以针对行

---

① 邓小鹏、申立银、李启明、袁竞峰：《基于行政法学角度的PPP项目合同属性研究》，载《建筑经济》2017年第1期，第39页。

② 邓小鹏、申立银、李启明、袁竞峰：《基于行政法学角度的PPP项目合同属性研究》，载《建筑经济》2017年第1期，第39页。

政协议所提出的行政诉讼，人民法院应当依法受理。[①] 最高人民法院的司法解释对全国范围内的法律适用具有约束和规范作用，各级法院必须遵照执行。据此，法律明确规定了政府特许经营协议纠纷诉讼为行政诉讼的解决方案，PPP 项目合同争议隶属于行政协议纠纷的范畴，所以这一类型纠纷的解决只能通过行政诉讼的途径来完成。[②]

《行政诉讼法》2014 年 11 月 1 日修正之后，针对性地将特许经营协议纳入行政协议的范畴之中，并且规定与其有关的纠纷应当采取行政诉讼的方式予以解决，实务界反响强烈并引发争议。一是加剧政企双方的不平等，社会资本尤其外资和民间资本担心其权利得不到很好的维护。二是质疑争议解决的公正性，虽然强调法院依法公正审判，但是由于法院和政府之间千丝万缕的关系，社会资本担心法院不能客观中立执法。三是限制了纠纷解决的途径，排除了民事救济途径，限制了当事人意思自治。[③] 笔者以为，《行政诉讼法》的修正究竟是将社会资本权利救济的民事途径排除在外，还是额外提供了争议解决的行政诉讼的渠道，从而拓宽了社会资本权利救济的方式，留有进一步思考的空间。

关于 PPP 协议是属于公法性质还是私法性质的问题，大陆法系国家和普通法系国家存在不同的认识。在大陆法系国家的代表德国法上，PPP 项目合同具有公法属性，纳入行政程序法中进行规制。[④]

在属于民法传统或受民法传统影响的许多法律制度中，公共服务可能受到一些称作"行政法"的规制和管辖，这些行政法管辖着广泛的政府职能，政府可以通过行政行为或者行政合同行使权力和职能。与此同

[①] 2018年2月8日实施的《最高人民法院关于适用〈中华人民共和国行政诉讼法〉的解释》已经删除了类似表述。

[②] 李金升：《PPP项目合同争议解决条款的法律分析》，转载于马克资讯http：//news. makepolo.com/4299272.html，最后访问时间：2018年3月10日。

[③] 赵超霖：《PPP立法社会关注六大问题，看发展与改革委员会怎么说》，载《中国经济导报》2016年7月20日，第B6版。

[④] 李霞：《行政合同研究：以公私合作为背景》，社会科学出版社2015年版，第148页。

时，还存在另外一种方式，政府通过管辖私人商业合同的法律签订私人合同。这两种合同之间的差别可能是很大的。[①] 通过立法形式明确 PPP 项目合同性质，不仅有助于政府部门正确执行法律，维护法律的统一性和权威性，而且有利于保护社会资本方的利益，增强其投资的信心。[②]

PPP 协议的签订是以生产与公共服务的提供为基础的，为了有效地将公众的利益纳入考量范围之中，针对这一情况的出现，政府将会在一定程度上享有"特权"。以北京市人民政府与地铁公司针对地铁经营所签订的《特许经营协议》为例，其中明确指出：地铁开通后，政府享有票价的决定权并有权根据运营状况及经济发展水平适时调整票价。倘若地铁运营公司在项目运营的过程之中，出现了违反合同的相关规定的情况，政府将有权对其采取强制措施，这其中就包括对其特许经营权的回收。由此可见，此类《特许经营协议》是完全符合公法性质要求的，应当归属到行政合同的范畴之内。当然，我们在对 PPP 协议等相关行政合同的公法属性进行讨论的过程中，需要对其行政合同的发展过程中越来越显现出来的私法性质予以重视。因此，PPP 协议既反映了公共部门和私人部门对公共服务的买卖合同关系，也反映了私人部门作为公共服务的生产者和经营者与公共部门作为公共服务市场的监管者之间的管理与被管理关系，应属于兼具公法和私法性质的混合关系，双方当事人应同时受到公法和私法原则约束。[③]

法国的法律体系中，将公共工程合同归属为公法契约的一种。这就意味着在进行相关纠纷处理的过程中，行使主导权的管辖法院，必须是"行政法院"。[④] 2004 年月 17 日，法国政府制定并出台的第一部 PPP 模

---

① 联合国贸易法委员会：《私人融资基础设施项目法律指南》（2001年版），第7章第24段。

② 张纳新：《浅析PPP项目争端解决机制的立法需求》，载《长春工程学院学报（社会科学版）》2016年第17卷第3期，第56页。

③ 湛中乐、刘书燃：《PPP协议中的法律问题辨析》，载《法学》2007年第3期，第65页。

④ 陈秀清：《BOT法制及实务问题之研究》，载《全国律师》1998年版。

式公私合作合同行政法规明确指出 PPP 合作合同属于典型的行政合同。该合同系根据资本的折旧率和投资的回收率，来确定具体的运营期限。2008 年 7 月 28 日，法国国民议会颁布了 PPP 模式公私合作合同首次纳入法国立法机构的视野，该法律的内容较之前的行政法规，更加具体化、专业化和程序化，对 PPP 模式公私合作合同的范围又作了一定的拓展，把原来以工程和货物为主导的 PPP 模式公私合同，增加为工程、货物和服务。该法出台对 PPP 模式公私合作合同中合作关系、涉及领域、期限、风险、盈利模式、投资方式等作出了较为清晰的定义。同时，该法也对 PPP 模式公私合作合同中公共服务与私营经营的界限，以及涉及公私法中行政法院和普通法院之间在诉讼案件管辖方面的划分等问题作出了解释。[①]

第二节　民事合同说

PPP 模式的核心要义在于平等协商、权责对等，强调主体间的互动性和依赖性。有学者通过研究发现，特许经营协议在实质上是一种公私合作的经营协议，这一合同对财产关系进行有效的维护，按照相关法律法规中的司法解释，特许经营权实际上应该划分为财产权的范畴，按照性质进行划分的话，属于民事合同的范畴，具体有以下几点理由：

首先，特许经营协议的双方法律地位平等，协议的签订是双方真实意思表示一致的结果。尽管协议签订前，会有一些前置性审批程序（项目审批、PPP 模式的审批、具体实施方案的审批等），但这些前置性审批并不能决定项目合同本身的性质，只是涉及特许经营协议的成立或者

---

① 徐琳：《法国公私合作（PPP）模式法律问题研究》，载《中国政府采购》2016年第9期，40页。

生效。协议最终是否得以签署，双方当事人享有完全的自由，并且，协议一旦签订，任何一方必须严格执行，未有法定事由、非经法定程序不得单方变更或者解除，这与民法尤其合同法强调的意思自治原则完全契合、一脉相承。

其次，特许经营协议的双方权利义务基本对等。特许经营协议的本质就是政府将特定基础设施或公用事业项目一定年限内的经营收益权与特许经营者的资金、先进技术和管理经验等相互结合并相互交换。对于政府来讲，政府负有按照协议约定赋予社会资本方特许经营权或者按照约定付费或者购买服务的义务，其固然享有对项目的监督检查权，但是该权力的行使应以不妨碍项目正常运营为前提，政府基于公共利益之需，单方面提前终止特许经营协议必须依法或者依约给予特许经营者以一定的补偿或者赔偿，而并非可以任意所为。对于特许经营者而言，在特许经营期内，特许经营者不仅享有经营管理权，还可以依照约定取得合理回报，与此同时，特许经营者必须忠实履行合同义务，按照约定进行基础设施建设和运营或者提供公共服务，并且于特许期满后按约定将项目移交给政府。因此，从总体上来看，无论是政府还是社会资本方权利义务基本对等且与其身份基本相当。[1]

第三节　经济合同说

有学者认为，PPP 特许经营协议既非民事合同，也非行政合同，而是关于劳动力孳息同创共享的经济合同。该学者认为，其实际上是通过生产来达到付出的目的，并且进一步通过竞争来实现消费中的再生产这

---

[1] 周兰萍：《PPP特许权协议的法律性质及立法建议》，载《建筑时报》2014年9月1日，第3版。

一过程，所以特许经营权实质上是劳动力权的一种。[①]有学者认为，单独采取行政合同观点或者民事合同观点似乎有顾此失彼之嫌，不够周延，将二者糅合成"混合合同"可能造成政府经营合同性质认定的不伦不类以及实践中的困难，因此，有必要对政府特许经营合同的性质予以重新审视。第一，政府特许经营合同制度的实行是建立在国家进行经济有效的调控或者干涉的基础之上，并且对市场资源进行有效的优化组合，进一步提升国民经济发展过程之中价值取向的构建；第二，政府特许经营合同体现的法律关系符合经济法的调整对象；第三，特许经营合同的建立旨在满足政府吸引投资、推动经济发展等经济目标而进一步参与到合同制订的过程之中，并且对政府意志加以有效体现，与此同时，有效进行经济的宏观调控。因此，政府特许经营合同不是单纯的划分到行政合同的范畴之中，或者是民事合同的范畴之中，而是行政合同与民事合同两者的结合体，其所承载的法律关系更加符合经济法调整对象的定义，这就意味着合同本身是具有经济法意义的。[②]

如今利益关系增量的控制主要是由公法私法来决定的，以此来对发展过程中的利益进行有效的保障，进而有效地对社会经济的持续性健康性发展奠定坚实的基础，以调整特许经营为目的的法律，实际上是一种以对增量利益关系进行调整为目的的现代法。增量利益的来源有两个，即天然孳息和劳动力孳息（人工孳息）。规制特许经营协议的法律，也不属于行政合同法，行政法律关系调整的是服从管理关系，指向公益和行政优益，特许经营协议调整的是平等的合作经营关系，指向增量利益和在增量利益基础上公共利益和私人利益的兼顾。特许经营合同作为一种公私合作经营合同，以此来对发展过程中的利益进行有效的保障，进而有效地对社会经济的持续性健康性发展奠定坚实的基础，以更加优质

①　陈乃新：《劳动能力权导论——科学发展与和谐社会的经济法保障》，湘潭大学出版社2010年版，第35~39页。

②　宋宗宇、刘婧：《政府特许经营合同法律性质新探》，载《行政与法》2006年第6期，第58页。

的产品与服务回报社会，有效达成公私合作双方共赢的局面。与此同时，特许经营合同也有效地对法律性质进行界定，所以，PPP 特性经营协议属于经济合同。①

普通民事合同是行政合同概念的起点和基础，而行政合同是受契约自由和依法行政两大公、私法理念共同支配下的法律行为，因而其是一种确立、变更和消灭公法法律关系的合同，即行政合同产生行政法上的效果，这也是行政合同独立于民事合同的本质特征。② 公法范畴的法律关系可以通过合同设立、变更或者撤销，但应当以法规无相反规定为限。如果一个合同的对象是只能由法律制度以公法性质规定下来，那么这个合同就属于公法范围，但是，在确定法律性质的时候，应当考虑合同的目的和合同签订者的意愿。③

第四节　行政许可中的特许论说

根据《行政许可法》第二条规定，行政许可是指行政机关根据公民、法人或者其他组织的申请，经依法审查，准予其从事特定活动的行为。对于行政许可的性质，主要有"赋权说""控权说"等几种观点。"赋权说"认为行政许可是行政机关允许行政相对人从事某种活动授予其某种权利的行为；"控权说"认为行政许可是基于行为的危险性，稍有不慎，可能会对社会或者其他人造成人身或者财产损害，因而，必须

---

① 陈阵香、陈乃新：《PPP特许经营协议的法律性质》，载《法学》2015年第11期，第27~29页。

② 湛中乐、刘书燃：《PPP协议中的法律问题辨析》，载《法学》2007年第3期，第63页。

③ ［德］罗尔弗·斯特博：《德国经济行政法》，苏颖霞译，中国政法大学出版社1999年版，第272页。

对一般人加以限制或者禁止，反过来，这种限制或者禁止对社会或者个人带来好处。[①]

认为特许经营属于行政许可源于《行政许可法》第十二条，该条规定，有限自然资源开发利用、公共资源配置以及直接关系公共利益的特定行业的市场准入等，需要赋予特定权利的事项，可以设定行政许可。特许经营作为政府管理手段和措施，就是把禁止一般公众从事的关系公共利益和安全的事项授权给特定主体，允许其从事特定活动。但是，行政许可和特许经营虽然都指向关系公共利益的特定事项，二者具有明显差别：

（1）项目目的不同。行政许可重在实现国家和社会公共利益的统一，国家仅将从事特定活动的资格授予符合条件的申请主体，重在履行行政机关维护社会安全和稳定的行政管理职责。特许经营更加突出商业色彩，政府在其中仅是辅助和监督作用，如选定合格的社会资本、办理项目审批、调整计价标准和依据等，防止社会资本越界导致公共利益受损。

（2）适用领域不同。按照《行政许可法》，行政许可包括普通许可、特许、认可、核准和登记。法律上的特许，有两种观点，一种观点认为是对于社会有害事情，一般禁止例外开放；另一种观点则指出，特许的本质是国家将公营事业的经营权利赋予私人，原本这些事业由国家掌握经营权。现在，特许经营范围不仅仅包含了《基础设施和公用事业特许经营管理办法》中所规定的能源、水利、交通、环保、市政基础等传统基础设施，并在通过发展进一步将医疗、养老、旅游、科教等社会事业领纳入其经营范围之中，不仅如此，还从行业项目的单一化，进一步扩张到行业项目的综合化，这其中又以海绵城市、特色小镇等具有代表

---

① 张树义主编：《行政法学》，北京大学出版社2005年版，第186页。

性。① 总体看来，二者范围有重合，特许经营的范围显然更为宽泛。

（3）条件和程序不同。行政许可中，政府对于符合条件的申请者必须予以审批，在无正当理由的情况之下，不得拒绝其申请。特许经营程序比较复杂，涉及政府方、项目提出部门、项目实施部门、社会资本方等，政府依据采购程序对潜在的社会资本方予以认真审查，并在此基础之上进一步将符合条件的社会资本方筛选出来并与其进行相关协议的签订，与此同时，将特许经营权对其进行授予。

特许经营是政府主导的强调商业色彩的活动，虽有政府与社会资本的协议协商，政府在其中享有某些社会资本没有的权利，比如项目的发起权、对社会资本的选择权、项目合作的终止权。②

由此可见，行政许可与特许经营在项目目的、适用范围、授权条件程序等方面存有重大差别，不能将特许经营简单地认为是行政许可中的特许。

第五节　混合合同说

曹富国教授认为，PPP 协议的性质问题，本质上是政府合同的性质问题。从比较法的角度看，政府合同的性质有两种。一种以法国行政合同为代表，另一种以英国普通法合同为代表。普通法系国家基本都是英国模式；大陆法系国家在这个问题上有分歧，西班牙、葡萄牙、希腊等国家采用了行政合同模式，德国、荷兰、意大利等国则基本适用私法合

---

① 中国PPP研究院：《特许经营立法草案完成　参与PPP合法权益将得到有效保障》，载《中国经营报》2016年5月15日。
② 谭敬慧、沙姣：《特许经营协议的法律性质及可仲裁性》，原载《北京仲裁》第96辑，转载北京仲裁委员会http://www.bjac.org.cn/news/view?id=2859，最后访问时间：2018年3月15日。

同。两种模式似乎都不影响其法治发展的发达程度。我们的立法和司法实践一直倾向于适用民事法律和民事诉讼。我们需要思考的问题是，传统民法对涉 PPP 协议纠纷是否存在难以有效调整问题，导致我们必须走向行政合同和行政诉讼这一模式？另外，PPP 的形态也可能影响我们对 PPP 协议性质的把握。典型形态如以英国为代表的 PFI 模式，以法国为代表的特许经营模式。目前这两种模式呈互相交融趋势。中国在引入这些典型 PPP 形态时，也发展出了大量不典型形态或者综合型形态。这导致了 PPP 协议关系变得多样化和复杂化。对这些协议性质的认识亦不能简单化。[①]

PPP 项目合同既具有民事合同的表征，也具有一定的行政合同属性。PPP 项目中双方的权利义务来自双方协商一致的结果，而非行政法律法规的规定，政府方对项目实施的监督、考核权利也并非来自行政权力，双方均应遵循民法地位平等、协商一致、诚实信用等原则，由此可见，PPP 项目合同具有民事合同属性。

2015 年 5 月 1 日实施的《最高人民法院关于适用〈中华人民共和国行政诉讼法〉若干问题的解释》第十一条规定，行政机关为实现公共利益或者行政管理目标，在法定职责范围内，与公民、法人或者其他组织协商订立的具有行政法上权利义务内容的协议，属于行政诉讼法第十二条第十一项规定的行政协议。[②] 人民法院在进行相关民事争议的审理过程中，务必充分认识到。其案件性质的特殊性，并对其进行行政以及民事的划分，在此基础之上进行相关诉讼费用的收取。由此可见，在处理特许经营协议纠纷时，人民法院既可以适用行政法律法规，也可以适用民事法律法规。针对这种情况，人民法院可以采取一并审理的方式对其进行处理，有效地节约相关资源与时间。

---

① 蒋蔚：《我国PPP协议相关法律问题的探讨》，载《人民法院报》2017年8月30日。
② 2018年2月8日起施行的《最高人民法院关于适用〈中华人民共和国行政诉讼法〉的解释》删除了行政协议的概念。

在国际层面上，对于 PPP 协议以及相关特许经营协议和合伙合同的范畴归属，法国依照其本国较为健全的行政法律体系，进一步将其界定为行政合同，在此基础之上有效地为公私双方利益的平衡以及顺利发展提供有效的保障。然而在我国，由于没有比较健全的行政协议制度，进一步导致了在对特许经营等 PPP 协议的界定过程中，出现单纯地将其判定为行政协议的情况，也正是如此，进一步将协议关系中政企双方的地位不对等性进行了强调，使得社会资本方投资顾虑加大、降低了社会资本方投资的热情。更为严重的是，由于将 PPP 协议界定为行政协议，纠纷发生时不能寻求仲裁救济方式。采取行政诉讼、行政复议等方式处理的主要是涉及政府行政权力行使的相关争议，另一方面，针对纳入民商事行为范畴的相关争议，则是通过诉讼以及仲裁的方式予以解决。[①]

实际上，发展与改革委员会和财政部已意识到 PPP 项目合同项下存在着平等主体之间的财产性关系，其具体体现为，在发展与改革委员会《通用合同指南》和财政部《合同指南》中，出现"强调合同各方的平等主体地位。合同各方均是平等主体，以市场机制为基础建立互惠合作关系，通过合同条款约定并保障权利义务""PPP 从行为性质上属于政府向社会资本采购公共服务的民事行为，构成民事主体之间的民事法律关系"等相关阐述。因此，其将仲裁作为一种可供选择的争议解决方式，如"协商或调解不能解决的争议，合同各方可约定采用仲裁或诉讼方式解决"及"需要特别注意的是，就 PPP 项目合同产生的合同争议，应属于平等的民事主体之间的争议，应适用民事诉讼程序，而非行政复议、行政诉讼程序。这一点不应因政府方是 PPP 项目合同的一方签约主体而有任何改变"。

另一方面，相关部门也意识到 PPP 项目合同并非仅存在民事法律关

---

①　国家发展和改革委员会法规司：《我国 PPP 立法要重点解决七大问题》，载《中国经济导报》2016年12月7日，第2版。

系，其仍然存在着行政法律关系。因此，出现了"政府作为公共事务的管理者，在履行PPP项目的规划、管理、监督等行政职能时，与社会资本之间构成行政法律关系"的阐述。同时，其未将行政法律关系产生的纠纷纳入民事纠纷解决途径进行解决。

由此可见，PPP项目合同本身的性质，并不必然对仲裁争议解决方式的适用与否产生直接的影响。在PPP项目合同履行过程中，具体争议内容的法律关系性质才会直接对仲裁争议解决方式能否适用产生影响。[①]

第六节 独立合同说（第三类合同说）

有学者通过研究之后指出，对PPP项目合同进行调整，实际上是对一种特殊社会关系的表达，其具有独立的意义，通俗地说，单纯地将PPP项目合同进行行政或者是民事合同的界定，是不合理的。应当将PPP项目合同判定为一种建立在私法属性与公法属性有效混合的基础之上，独立存在的合同，主要表现在以下几点：

第一，虽然项目合同制定的目的在于有效提升行政主体在行使行政职权时的效率，进一步有效增加公共利益，但并不能因此得出项目合同是行政合同的结论，恰如在私法领域，很多合同都不可避免地受到公法的规制，具有公法因素的行政法规就成为判断合同无效的根据，但是并不影响合同本身民事属性。在项目合同中，授权部门不但赋权监督，而且也保护社会资本的利益，政府负有双重身份。

第二，在项目合同中，政府通过招投标和竞争性谈判等方式选择项目的实际履行人（社会资本方），社会资本方通过自由选择的方式参

---

① PPP资讯：《PPP项目合同纠纷中仲裁争议解决方式》，载2017年3月14日微信公众号"PPP资讯"，最后访问时间：2018年4月8日。

与到项目中来，二者协商议定合同条款，充分体现出意思自治和契约自由的特性，合同主体以及合同内容完全符合民事合同属性。但是，在项目合同之中，只要这个合同所约定的报酬中包含了由政府所授予的，对于某一项事项的开发利用权利，而这一开发利用权利实际上就是带有特许经营的权利，这也就意味着合同本身是具有特许经营性质的合同，[①] 针对这一类型的特许经营合同，其中所牵扯的行政行为多种多样，却又不局限于政府以多种形式进行特许权授予的方式、某一种形式上税收的减免、价格的调整以及限制竞争措施的出台，这些都决定了项目合同与一般意义上民事合同的差别，民事合同无法将其完全囊括其中。

第三，PPP 合作模式一方面提供效率、质量更高的服务，另一方面带来的潜在风险也不可忽视。完全不能排除社会资本方通过规避强制性标准的适用、公平平等原则的违背等损害公共利益，偏离公共服务目标。基于此，政府需要对 PPP 全流程施加必要监管，所以在公共服务市场当中，二者之间是以管理与被管理的关系所存在的。这也就说明 PPP 协议既有公法的性质，同时还包括了私法的性质，是公私法的混合体，在进行公共服务提供的过程中，双方当事人的行为都必须按照公法与私法中相关法律法规进行。[②] 我国现有的法律并未规定混合合同这一合同类型，纠纷出现时仍存在适用公法还是私法两难问题，并没有从真正意义上解决问题，不具有可行性。[③]

另有学者认为，将项目合同定性为一种独立的合同，兼顾项目的公益性和私益性，能够缓解政府和社会资本合作项目中公私利益的冲突，

---

① See Sue Arrowsmith，Public Private Partnerships and the European Procurement Rules：EU Policies in Conflict? 37 Common Market Law Review，P716–717（2000）.

② 湛中乐、刘书燃：《PPP协议中的法律问题辨析》，载《法学》2007年第3期，第65页。

③ 汪国华：《政府和社会资本合作项目合同性质及争端解决机制》，载《法商研究》2018年第2期，第6~7页。

防范行政权力过度干预经济、社会资本过度追逐利润。[①] 有效地对政府所构建的自由、理性、平等、互利的"契约精神"予以支持，进一步为政府与社会资本之间进行合作的相关项目得以顺利进行打下坚实的基础。[②]

第七节　信托说

实际上，除了上述提到的六种关于 PPP 项目合同性质的不同观点之外，还有一种观点，也就是信托说。该说认为，在对 PPP 项目合同中所规定的义务与责任进行履行的过程之中，作为特许人的政府通过对受许人进行经营权的交付，有效达成经营权授予这一目的，并且需要注意的是，在整个经营的过程之中，其所代表的是广大人民群众的利益，这就是政府立场所在。另一方面，这种观点同时认为，利用事业特许经营协议，实际上是建立在信托关系之上的协议，也就是说，通过这一协议的签订，政府向受许人进行公共事业经营权的信托，而这一受许人就是企业。[③] 这一种观点，属于少数派观点，且明显违背一般理性人理解，社会资本是逐利的，"为了公共利益而经营"不应也不可能成为社会资本方的首要经营原则。该观点具有理论上的不周延之处，也与 PPP 项目实务操作相悖，难以信服。

---

① 陈阵香、陈乃新：《PPP特许经营协议的法律性质》，载《法学》2015年第11期，第29页。

② 汪国华：《政府和社会资本合作项目合同性质及争端解决机制》，载《法商研究》2018年第2期，第7页。

③ 赵意奋：《公用事业特许经营协议性质之辨考》，载《经济体制改革》2010年第6期，第155~158页。

第八节　本书观点：具有行政因素的民商事合同

一、现行"特许经营协议"法律关系性质的认定

1.《行政诉讼法》规定社会资本对行政机关不履行特许协议约定义务的行为，可以采取行政诉讼的方式予以解决。该法第十二条第十一项规定，公民、法人或者其他组织认为行政机关不依法履行、未按照约定履行或者违法变更、解除政府特许经营协议、土地房屋征收补偿协议等协议的，提起的诉讼作为行政诉讼受理。

2. 现行 PPP 政策把特许经营协议认定为民商事法律关系。2014 年 11 月 29 日，财政部〔2014〕113 号文《关于政府和社会资本合作模式操作指南（试行）》第二十八条中明确指出，项目建设以及运营工作的有效实施，务必在项目合同之中的相关约定指导之下进行，针对相关事项出现争议，并且难以通过协商予以解决的情况，可以依法申请仲裁或者提起民事诉讼。另一方面，由国家发展和改革委员会所颁布的《政府和社会资本合作项目通用合同指南》（2014 年版）第 73 条明确规定，双方就纠纷协商不成的，任何一方均可申请仲裁或者提起民事诉讼。

由此可见，国家政策和立法层面对于 PPP 项目合同性质的认定并非一致，导致矛盾发生时，纠纷解决路径的不统一、不确定，给社会资本的退出路径留下隐患，造成尴尬。

二、PPP 项目合同具有一定行政因素

PPP 项目合同的性质需要从法律关系的主体、合同标的、主体之间的权利义务等方面，综合分析。客观来讲，政府在 PPP 模式中兼具合作

者和监管者双重法律地位。合作者容易理解，无需赘述。在项目运营的过程中，政府作为项目监管的一方，按照相关法律法规，进一步对自己监督管理职责予以履行，有效地对 PPP 项目运作的生命周期中所有环节进行监管。由于其具有公私法双重性，所以在实际操作中，为了尽量减少这一双重性所带来的负面影响，依据相关法律法规以及政策性文件，在目前的 PPP 项目实践过程之中，将会通过政府或者相关部门进行授权的方式，赋予实施机构相关权力并担任项目合同中当事人一方同社会资本方进行 PPP 项目合同的协商乃至最后签订，并通过合同对自身的权利与义务进行约定，有效地参与到项目的建设投资以及运营当中去。而以上所提到的政府或者政府部门以授权的方式使得实施机构参与项目当中来，其与被授权机构之间的关系，就是具有行政管理典型特征的关系。旨在对实施机构的权利与义务进行有效规范，避免监管不力所带来的社会资本方的利益损失，为社会公众的知情权进一步构建有效的保障，其相关授权过程应该做到合理化与公开化，同时，政府或者政府部门对具体的项目运作实施全程监督检查等行政行为。这里需要注意的是，政府或者政府部门所主导的监督检查，虽然是法律上所规定的相关监管义务，但是这并不等同于合同本身对当事人一方的约束，其实质是行政行为，不影响对 PPP 项目合同性质的认定。基于此，从本质上讲，PPP 模式是政府和社会资本方建立的一种伙伴关系，这种伙伴关系具有长期性、组织性和继续性特点，PPP 项目合同应定性为具有一定行政因素的民商事合同。[①]

三、PPP 项目合同性质属于民商事合同

PPP 理论兴起于公法，但它若想真正获得生命力，还得需要重新回

---

① 周劲松：《政府和社会资本合作合同有关法律问题探讨》，载《中国财政》2017年第24期（半月刊），第41页。

到私法上。[①]

笔者认为，PPP 特许权协议应定性为民事合同。尽管在 PPP 项目运作过程中涉及某些政府行政行为，如特许权授予、税收优惠等，但不可因此否认特许权协议的民事性质。

PPP 特许权协议的订立履行依赖于行政行为的实施，但究其实质又独立于行政管理范畴。PPP 特许权协议确实涉及诸多行政行为，包括特许权授予、税收优惠、外汇汇兑、价格调整、限制竞争等均需借助政府行政权才能实现。PPP 项目运行过程中也难免会遇到政府不能或不愿兑现其行政承诺从而导致政府违反特许权协议的情形，或者政府依行政权提前收回特许经营权的情形，但该等情形完全可以通过在特许权协议中设置违约补偿条款对政府的行政行为加以有效约束，即一旦因政府的行政行为导致 PPP 特许权协议履行不能、投资者不能实现合同目的的，则政府应当给予投资者赔偿或者合理补偿，以使投资者的合同权益得以保障。所以，不能因 PPP 特许权协议中特许权的授予、政府承诺的兑现等内容对于行政权的依赖表象，据此否认 PPP 特许权协议固有的民事属性。

政府在 PPP 项目中的双重身份是 PPP 项目的特点决定的，但不能因此得出 PPP 特许权协议是行政合同的结论。政府行政权的行使仅是政府作为 PPP 特许权协议当事人一方全面履行自身各项合同义务的必要手段，从这个意义上讲，政府行政权的行使应当有效服务于 PPP 特许权协议的合同目的，在确保 PPP 特许权协议项下的政府义务得以全面履行的同时，保障社会投资者的相应合同权益得以实现。此外，政府行政权的行使还应受到 PPP 特许权协议的合理约束与限制，比如，政府在行使监督检查权的过程中不可不当干涉和妨碍项目运营者的运营权，因行使提前终止权等行政权使得特许经营者的利益受损时还应依特许权协议给予

---

① 王崇立：《论PPP协议的私法属性及社会资本方利益保护》，2017年山东大学法学专业硕士学位论文，第2页。

投资人相应的补偿。因此，无论是行政权对于实现 PPP 特许权协议目的的保障还是 PPP 特许权协议对于行政权的约束与限制，都客观体现了 PPP 特许权协议的民事属性。

赋予 PPP 特许权协议以民事属性符合市场交易的内在规律要求。尽管 PPP 项目具有公益性，特许经营者应按特许权协议约定提供公共产品或服务，但这并不意味着特许经营者提供的该等产品和服务是免费的。相反，恰恰是因为政府自身提供该等产品或服务的成本较高、代价较大、经验不足，由特许经营者提供更加物有所值，所以项目本身才有以 PPP 模式实施的必要。而特许经营者是市场主体，其投资参与 PPP 项目的目的是要让其资金和技术管理投入实现合理回报，基于此，赋予 PPP 特许权协议以民事属性是市场交易的必然要求，若不按市场规则对其加以定性，亦将难以为市场所认同和接受。过分强调 PPP 特许权协议的行政性或者公共利益，可能会使行政主体与相对人之间的利益失衡，导致行政权力过大而压制相对人，这将有悖中央大力推广运用 PPP 模式的初衷。

有人从 PPP 项目合同的签订目的、签订过程、权利义务进行了综合分析后认为，从合同的签订目的、签订过程和各方权利义务内容看，PPP 项目合同是政府方和社会资本方为了合作完成基础设施和公共服务产品，通过要约、承诺、竞争性谈判等过程，签订的共同合作、共担风险、各尽义务、各享收益的合同。该合同体现的是参与方自愿选择、协商约定的性质，应定性为平等商事主体之间的民商事合同。PPP 项目运作过程中，社会资本方对政府招投标资格认定、行政处罚决定等具体行政行为不服，则应通过行政复议、行政诉讼程序解决，这是另外的一个问题，不影响 PPP 项目合同本身的民商事性质。PPP 项目合同，是政府方和社会资本方平等商事主体之间的民商事合同；PPP 项目合同纠纷，适用民商事诉讼或仲裁程序，不适用行政诉讼程序。[①]

将 PPP 特许权协议定性为民事合同，可以使得特许权协议双方当事人权益有更为便利高效的司法救济渠道。尽管我国法院设有行政审判庭，可以适用行政诉讼法审理行政案件。但是，现行的行政诉讼程序适用于行政合同纠纷时，尚存在一定的障碍，如行政主体不能启动行政诉讼程序，司法审查的是具体行政行为，并且是严格单一的合法性审查，对于合同违约难以提供司法救济。由此可能带来的后果是，如果合同确认为行政合同，当事人的纠纷将无法得到司法救济。因此，相比较受限的行政诉讼救济渠道而言，民事诉讼能够提供更完善的合同救济。[②] 最高人民法院审理的江苏省沭阳恒通水务有限公司与沭阳县人民政府"其他合同纠纷"案[③]、河南省辉县市人民政府与河南新陵公路建设投资有限公司"合同纠纷"案两个案件，均明确将特许经营合同作为民事争议予以处理。新陵公司诉辉县市政府案件裁定书认为，行政审批与行政许可系合同组成本部分，是合同履行内容之一，本身不能决定合同的性质。合同的性质究竟如何，应当从合同的目的、职责、主体、行为、内容等诸方面综合考量。因此，简单地将特许经营协议定性为行政协议或者行政合同是不对的。

在 PPP 项目中，政府与社会资本方是平等的主体，应当按照民事诉讼法来解决争议，以保证政企之间长期和高效的平等合作关系。明确 PPP 纠纷的争议解决机制，赋予权利人选择民事诉讼或者商事仲裁的方式来解决争议，为 PPP 项目社会资本方选择最佳和最有效的争议解决方案。[④]

---

① 公丕国：《PPP项目合同，是行政诉讼还是民商纠纷？》转自360doc个人图书馆 http://www.360doc.com/content/16/0108/09/28743056_526326047.shtml，最后访问时间：2018年5月4日。

② 周兰萍：《PPP的法律性质何在》，载《施工企业管理》2014年第9期，第86页。

③ 参见最高人民法院（2014）民二终字第18号民事判决书。

④ 李志勇：《九三学社：加快PPP立法 明确纠纷争议解决机制》，载《经济参考报》2017年3月13日。

如果将 PPP 项目合同生硬地定性为行政合同，将 PPP 项目合同争议生硬地定性为行政纠纷，假如社会资本方发生违约，政府想追究其违约责任，既不能申请商事仲裁，也不能提起行政诉讼，还不能提起民事诉讼，政府权力乃至社会公共利益如何维护？岂不告状无门？

因此，将 PPP 项目合同定性为行政合同、将 PPP 项目合同争议定性为行政争议都是不明智乃至错误的认识，与我国司法实践脱节，并不可取，需要纠正。

另外，必须说明的是，《行政诉讼法》第十二条、2015 年 5 月 1 日实施的《最高人民法院关于适用〈中华人民共和国行政诉讼法〉若干问题的解释》第十一条的规定属于程序法上对纠纷性质的认定，并不等同于对合同性质的认定。特许经营协议与一般意义上的行政许可存在重大差别。一般的行政许可属于依申请的行政许可，被许可人并不需要向许可机关支付对价，二者之间不存在讨价还价的余地。而特许经营协议是双方充分协商一致的结果，具有明显的民事合同性质。

必须指出的是，即使是认为 PPP 项目合同属于混合合同的学者，也不得不承认随着我国从计划经济、有计划的商品经济，发展到现在的社会主义市场经济时代体制，理念和国家政策都在发生变化，PPP 项目合同的外部性在逐步缩减。过去 PPP 项目合同行政性较强，现在的民商性更强，行政性越来越弱。行政权力在 PPP 项目中的管制不断变弱。由此，在市场配置资源的作用要进一步发挥的中央决策之下，PPP 项目合同的民商性，特别是涉外 PPP 项目合同，必将继续强化，其行政性必将最小化。[①]

当然，社会资本方因不服政府的行政管理、行政处罚引起纠纷，属于行政争议，则另当别论，可以通过行政途径解决，申请行政复议或者提起行政诉讼。

---

① 毛晓飞：《PPP 项目合同争议提交仲裁没有法律障碍》，载《法制日报》2018 年 4 月 9 日。

有关 PPP 纠纷的法律性质，此前争议颇多，2015 年 6 月 1 日起施行的《基础设施和公用事业特许经营管理办法》（六部委 25 号令）第五十一条规定特许经营纠纷中涉及具体行政行为的适用行政诉讼程序，但投资者担心行政诉讼程序无法全面保护自己的利益，这也是一些投资者踟蹰 PPP 项目投资的原因之一。因此，一些专家提出 PPP 项目合同纠纷性质为民事纠纷，应适用民事诉讼程序或仲裁程序。

检索最高人民法院和各地高院的判例，从裁判规则中可以看出，法院仍然坚守民事纠纷与行政纠纷的传统理论界分，认为特许经营协议中交织着两种性质不同的法律关系，特许经营合同是兼具民事合同和行政合同性质的混合合同。

尽管理论上区分民事合同与行政合同有主体说、目的说以及法律关系说三种学说，多数学者主张目的说，但经过案例研究，我们发现法官并未采单一学说，而是通过合同主体、目的和内容综合判断。审判实践中法官大多认为：争议法律关系性质的确定，不能仅凭一方主体的特定身份而简单认定为行政纠纷，也不能因为其中具有的民事因素而直接认定为民事纠纷。

关键是判断争议是否与行政主体行使行政职权有关，如果与具体行政行为有关，则应认定为行政纠纷，最高人民法院在（2015）民申字第256 号判决（案例一）中指出，在行政机关未明确案涉城市规划区域范围的情况下，直接认定原告所享有特许经营权的区域范围超出人民法院民事裁判的范畴。最高人民法院在（2014）民二终字第 12 号判决（案例三）中认定特许经营权解除行为在性质上属于行政行为，由此产生的纠纷属于行政纠纷；如果与行政主体具体行政行为无关，则可认定为民事纠纷，例如最高人民法院在（2015）行监字第 2035 号案件（案例二）中指出，当事人间就回购款支付依据发生的争议不涉及具体行政行为，属于民事纠纷；在投资人与政府就赔偿问题发生纠纷时，河南省高级人民法院和广东省高级人民法院分别在（2015）豫法民一初字第 1－1 号判决（案例四）和（2010）粤高法民二终字第 43 号判决（案例五）中认可了特许经营合同的民商事合同性质。

是否与行政机关的具体行政行为密切相关也是我国法院判断行政纠纷与民事纠纷的通常标准，有学者通过大量行政裁判案例实证研究发现，进入行政审判庭视野的行政合同，大多具备行使行政职权的特征。

然而，笔者认为是否具备行政职权行使特征之判断常常是含糊不清的。同样因特许经营权解除而发生的纠纷，本书中所引用之案例三与案例五诉请继续履约与诉请经济赔偿的结果如此不同让人愕然。据此，有学者建议未来 PPP 立法中应将 PPP 项目合同定义为混合合同，基于大陆法系最新行政私法理论，在公私合作模式下探索将 PPP 纠纷统一为私法纠纷，并加入公共利益保护因素，构建特殊纠纷解决程序，例如混合合议庭和特殊仲裁庭。鉴于 PPP 立法正在进行当中，期待在此问题上能有所突破。①

在产权司法保护方面，要坚持平等保护、全面保护、依法保护原则。坚持各种所有制经济的权利平等、机会平等、规则平等。确保非公有制经济与公有制经济主体的诉讼地位和法律适用一律平等，禁止公有制经济以大欺小、以强凌弱。同时，妥善审理涉外纠纷案件，平等保护中外当事人的诉讼权利和实体权益，为外方投资者创造良好的投资环境，增强外方投资者的投资信心。不仅要保护物权、债权、股权、知识产权以及其他财产权利，还要通过民事、行政、刑事等各种手段及执法行为，明确产权归属，制裁各类侵犯产权的违法犯罪行为，特别是借助公权力侵犯私有产权的行为，特别是公安机关非法干预正常经济纠纷，抵制针对私有企业、私营企业家扣帽子、抓辫子，滥用刑事强制措施，影响国家经济发展和社会稳定。针对不同时期形成的产权纠纷，要深刻理解立法精神，妥善处理，尽可能体现最大程度的公平正义，同

---

① 黄华珍：《PPP项目纠纷争议解决机制》，载"法律教育网"http://www.chinalawedu.com/web/23182/jx1706221268.shtml，最后访问时间：2018年4月10日。

时，认识到现有制度的不足，积极主动并不断健全，推动产权保护制度的完善。

依法公正审理行政协议案件，促进法治政府和政务诚信建设。对因招商引资、政府与社会资本合作等活动引发的纠纷，要认真审查协议不能履行的原因和违约责任，切实维护行政相对人的合法权益。对政府违反承诺，特别是仅因政府换届、领导人员更替等原因违约毁约的，要坚决依法支持行政相对人的合理诉求。对确因国家利益、公共利益或者其他法定事由改变政府承诺的，要依法判令补偿财产损失。①

---

①　最高人民法院：《关于充分发挥审判职能作用切实加强产权司法保护的意见》，载http://www.court.gov.cn/fabu-xiangqing-31771.html。

第四章　PPP 项目合同争端性质的认定

第一节　PPP 项目合同争端性质认定现状

本质上，PPP 项目是一种集合了行政权力与社会资本方力量合作共赢的商事活动。PPP 项目合同争议中既有因政府行使行政权力引起的行政争议，也有政府基于 PPP 项目合同的平等民事主体地位作为或者不作为引起的民事争议。

有人通过搜索中国裁判文书网，发现截至 2017 年 1 月 12 日，2014 年至 2016 年，以"PPP、特许经营、BOT"为关键词，检索出省级以上高级人民法院 PPP 项目相关争议案件 51 个，其中民事争议案件 41 个，行政争议案件 10 个，民事争议案件中，争议性质纠纷案件 13 个，合同解除 7 个，借款纠纷 5 个，合同效力 4 个，特许经营权授予 2 个。[①] 由此可见，PPP 项目合同争议性质纠纷占比较大，接近 25.5%。本书第三章观点认为 PPP 项目合同不是行政合同，也不是混合合同，更不是其他类型合同，而是属于具有一定行政因素的民商事合同。PPP 项目合同性质与 PPP 项目合同争议性质不能简单地划等号，民事合同引起的纠纷未必一定属于民事纠纷，比如，政府基于 PPP 项目合同的存在行使行政权力引起纠纷就属于行政纠纷。如何区分纠纷属于民事纠纷还是行政纠纷呢？就需要从法律关系的性质谈起。

[①]　沙姣：《PPP争议解决系列谈之二：PPP争议性质认定方法》，载2017年3月22日微信公众号"PPP知乎"，最后访问时间：2018年5月4日。

第二节 民事法律关系、行政法律关系的界定与区分

准确判断 PPP 项目合同争端的法律性质，需要准确把握 PPP 项目合同法律关系的性质，而法律关系的性质需要置于法律部门划分的视野下进行梳理。

一、法律部门与法律关系的划分

（一）法律部门划分的标准和原则

"法律部门"也称"部门法"，是指根据一定的标准和原则，按照法律规范自身的不同性质、调整社会关系的不同领域和不同方法等所划分的同类法律规范的总和。这一法学概念是法律体系基础之一。法律体系的基础在于法律部门，而法律部门及其子部门的基础又在于相关法律制度，及其配套的法律规范的合集。法律部门实际上又是多个法律制度相互交叉并有效融合的综合体，换句话说，在法律部门中一个或者几个具有相同或者相类似调整属性的法律规范所组成的集合就是法律制度。[①]

1. 法律部门划分的标准

在对法律体系的核心进行研究的过程中，务必要注意如何有效地对法律部门以及法律制度进行区分。在进行法律规范所属范畴的界定的过程当中，需要有效地认清其客观实际情况的主导性，而不是参考其主观上和形式上的因素，这里所说的客观实际情况，就是指法律调整对象和法律调整方法。

法律调整的对象是指法律规范在进行调整的过程当中，其所作用

---

① 张文显主编：《法理学》，法律出版社2007年版，第151~152页。

的社会关系。由于不同的社会关系，其所拥有的特性也并不相同，所以在对这些关系进行调整的过程中，需要借助不同的法律规范，如果通过对这一些社会关系的分析，发现其性质是相同的或相似的，那么针对这一些关系进行调整的法律规范就属于同一个法律部门或者法律制度，例如，调整平等主体之间的财产关系和人身关系的法律规范其所组成的法律部门是民法部门，而行政法部门则是用于调整国家行政管理活动中形成的社会关系的。对用于调整社会关系的法律规范进行划分，主要还是参考其调整对象也就是社会关系的性质，然而这并不是进行划分的唯一参考，除此之外，还可以按照法律调整方法来对其进行划分，法律调整方法大体包括：

① 确定权利、义务的方式、方法。权利、义务是基于双方协商一致而成还是根据国家法律或者指令而定。

② 权利义务确定性程度和权利主体的自主性程度。如使用的是绝对确定的规范还是相对确定的规范，是强行性规范还是任意性规范。

③ 法律事实的选择。是根据人的行为决定适用某种规范还是根据事件决定依照某种规范，何种事实用何种方法处理。

④ 法律关系主体的地位和性质。双方是平等的法律地位还是管理与被管理的地位。

⑤ 保障权利的手段和途径。如对违反法律规范要求的行为所采取的行使国家权力的措施，即制裁的种类以及适用这种措施的程序。

上述各方面构成法律部门的调整方法，它们怎样结合及具有什么特点，最终决定于法律规范所调整的社会关系的性质。

有学者通过研究之后发现，进行法律部门划分所参照的标准还应当包括调整的原则、法律关系主体的地位，实际上，这些都已经包含于法律调整方法了，归根结底，属于法律调整方法的问题。除此之外，还有学者在其学术论著之中指出法律部门的划分标准还应当包括法规的数量以及归类的便利性。①

2. 法律部门划分的原则

在进行法律部门的划分过程之中，不仅仅要依靠相关标准来实施划分，还需要参考划分原则，主要包括以下几点：

① 整体性原则。划分对象应当是法律体系这一整体，并且通过划分所得出的结果务必将一国现行法律的所有内容包含进去，有效地使得法律体系中的所有法律都能被划分到某一法律部门之中。

② 均衡性原则。在进行法律部门划分的过程中，务必将法律部门之间的法律规范的规模以及数量，纳入考量范围，并通过调整，以求得其整体平衡性，这就意味着在进行划分的过程当中，不能存在包含法律规范数量较大的法律部门以及法律规范数量过小的法律部门。不过这一种所谓的整体平衡性本身是具有一定相对性的，其具体的程度是受各个法律部门的实际要求以及调整幅度所决定的。②

③ 协调性原则。法律部门是法律体系的基本构成单位，法律部门之间应当相互配合，组成一个和谐的统一体。因此，在将一国的法律规范划分到不同法律部门时，既要注意到法律规范之间的差异，可以将它们划分为不同类型，还要注意到这些法律规范之间具有何种关联，以至于它们可以约束整合、相互照应，并成为一个整体。

④ 开放性原则。划分法律部门既要以现有的法律规范为基础，并且还要对未来可能出现的法律规范进行有效考虑，为现有法律部门的划分留有一定的余地，以求在发展的过程中进一步保持法律部门之间相对的平衡性。例如，有关社会保障等方面的立法刚开始之际，相关的法律规范数量还比较少，考虑到这一方面法律规范的独特性和重要性，仍然将社会法部门列为一个独立的法律部部门。③

---

① 张文显主编：《法理学》，法律出版社2007年版，第153页。
② 张文显主编：《法理学》，法律出版社2007年版，第153页。
③ 舒国滢主编：《法理学阶梯》，清华大学出版社2012年版，第137页。

二、民事法律关系、行政法律关系异同

目前主流观点认为 PPP 项目合同属于兼具行政性质和民事性质的复合型协议，当然，笔者并不赞同此观点，笔者认为 PPP 项目合同为具有一定行政因素的民商事性质的合同，具体理由详见第三章，在此不再赘述。

毋庸置疑，民事争议和行政争议无论是在诉讼主体、举证责任、调解和解等方面都具有天壤之别。司法实践中，对于 PPP 项目合同争议性质的定性不一，法官的自由裁量权较大，法官的学识经验、主观偏好、法治信念等都会影响到法官的内心确信，进而直接影响到案件争议解决途径的选择和案件的最终裁判。行政诉讼案件中，行政相对人胜诉率大体在 10%~20% 之间，这与民事诉讼形成巨大反差。PPP 项目合同法律关系的认定很大程度上决定了 PPP 项目合同争议性质的认定。因此，有必要厘清 PPP 项目合同法律关系的性质是什么，是民事法律关系还是行政法律关系？法律关系的性质与 PPP 争议性质是什么关系，二者是否具有必然的因果关系？

法律关系是法律在调整人们行为的过程中形成的权利、义务关系。法律关系是社会关系的一种特殊形态，与一般社会关系相比，法律关系具有三个特征，即法律关系是以法律规范为前提而形成的社会关系、是以法律上的权利、义务为纽带而形成的社会关系、是以国家强制力作为保障手段的社会关系。[①] 民事法律关系是基于民事法律事实并由民事法律规范调整形成的民事权利义务关系，是民法所调整的平等主体之间的财产关系和人身关系在法律上的表现。[②] 通说认为，民事法律关系有如下三个特征：第一，是平等主体之间发生的社会关系；第二，民事法律

[①]　张文显主编：《法理学》，法律出版社2007年版，第182~184页。
[②]　《民法总则》第二条规定，民法调整平等主体的自然人、法人和非法人组织之间的人身关系和财产关系。

关系的发生、变更和消灭取决于当事人意志；第三，内容上主要是财产权利和财产义务，也具有部分人身权利和人身义务。

行政法律关系的实质是一种行政社会关系，这种行政权利义务关系的构建是建立在行政法律规范基础之上，通过法律上权利与义务的有效联结并在国家强制力保证之下得以有效进行。从行政法的角度而言，行政主体为有效实施行政管理并达成相关目标，对行政职权加以使用，与相对人经协商一致而达成的协议，称为行政契约，[①] 故也可以说 PPP 项目合同在某种程度上是一种行政合同。通说指出，行政法律关系的特征主要有以下几点：第一，国家行政机关必须在行政法律关系之中担任当事人的一方；第二，不平等性是指行政法律关系中双方当事人之间的法律地位；第三，行政法律关系中双方当事人的意愿不影响其行政法律关系的建立；第四，国家行政机关对于其行政管理职权行使的行为是伴随着整个行政法律关系周期的；第五，以行政法预先规定的相关权利义务为基础，进一步对行政法律关系中双方当事人的权利与义务进行构建；第六，针对行政关系中双方当事人之间存在的纠纷或者争议，通过相关司法程序予以解决，由行政机关或者行政司法机关进行主导。[②]

通过对比上述定义和特征，可以看到民事法律关系和行政法律关系的区别比较明显，主要区别点为：第一，主体不同。行政法律关系必有一方为承担一定行政职责的公共部门（机构），民事法律关系则无此必要条件。第二，主体所处的法律地位不同。行政机关在行政法律关系中享有行政优益权，民事法律关系中不存在。第三，建立法律关系所依据的原则不同。民事法律关系的建立遵循意思自治原则，行政法律关系的建立则来源于行政职权。第四，建立法律关系的依据不同。民事法律关系的确立依赖民事法律规范并受民事法律规范的制约和保护，行政法律关系的建立依赖行政法律规范（行政职权）并受其制约和保护。第五，

---

① 张树义主编：《行政法学》，北京大学出版社 2005年版，第275页。
② 姜明安：《行政法与行政诉讼法》，中国卓越出版社1990年版，第45~47 页。

争议解决及救济途径不同。民事争议可采取民事诉讼或仲裁方式解决争议，民事救济以赔偿损失、恢复原状为主要方式；行政争议可采取行政复议、行政诉讼等方式解决，采取补救措施或者行政赔偿等。[①]

三、私法公法化与公法私法化

所谓"公法私法化"是指传统的私法调整方式被部分地或者间接地引入了公法领域，从而使私法关系向公法领域延伸；"私法公法化"是指国家权力对社会和经济生活的直接干预突破了传统的私法界限，从而使公法关系向私法领域延伸。[②]

区分公法与私法二者的性质，最早是由古罗马五大法学家之一的乌尔比安首先提出来的。他认为，公法的目的在于为公共利益的获得与使用建立有效保障，而另一方面，私法的目的则是在于对私人的利益等获得与使用建立有效保障。列宁曾在十月革命后苏联制定民法时说过，我们不承认任何"私人"性质的东西，基于列宁的论述，在很长的一段时间内，苏联和我国法学界一直认为，社会主义经济关系的核心是公有制，所以，不存在将社会主义法划分公法和私法的前提和基础。当时，我国虽然不承认公法、私法的划分，但是，并不否认对不同的社会关系采用不同的调整方式，事实上，根据调整社会关系的性质和调整手段的不同，将法律规范划分为不同的法律部门，并且将调整公权力和调整私权利的法律规范划分为两大部门群的理论。[③]

随着时代的变迁、观念的转变，我国承认并且确立了公法、私法的划分。法律调整是规范性调整加个别性调整，如果法律在规范性调整方面实行"放任"，在个别性调整方面强调"协商"，那么人们往往将这种

---

① 沙姣：《PPP争议解决系列谈之二：PPP争议性质认定方法》，载2017年3月22日微信公众号"PPP知乎"，最后访问时间：2018年5月4日。

② 李步云：《法理学》，经济科学出版社2000年版，第117页。

③ 孙国华、朱景文：《法理学》，中国人民大学出版社1999年版，第306~307页。

法律称为"私法"，如果法律在规范性调整方面实行"管制"，在个别性调整方面强调"指令"，那么人们往往将这种法律称为"公法"。①

最初，公法、私法原本有着"楚河汉界"之隔，势不两立。在一般情况之下，一项义务是建立在一项命令之上，而这一项命令又是根据另一项命令所产生的，那么这一项义务就属于公法的范畴；相反，如果这一项义务是建立在义务人的自我意愿的基础之上，那么这一项义务就属于私法的范畴。② 私法上的法律关系主体地位平等、行为自愿，对当事人来讲，协议就是法律。③ 私法以任意性规范为主，重点在于私法自治。而公法则是以强制性规范为主，不受个人之间的协议的影响。④ 随着经济、科技和文化的进一步发展，人类社会生活关系日益复杂，价值取向日趋多元，市场"看不见的手"和政府"看得见的手"双重失灵，非此即彼、泾渭分明的公法、私法二元体制已经显得僵化且不合时宜，无法有效解决各种社会问题，正是在此大背景下，"私法公法化""公法私法化"几乎同时出现。⑤ "公法私法化"出现的时间要晚于"私法公法化"出现的时间，是国家职能加强的实践出现一系列问题之后进行反思、调整的产物。⑥

"私法公法化"主要表现在传统的所有权绝对原则、合同自由原则、过错责任原则被修正，私法自治原则不再一统天下，起源于罗马法上的诚实信用、公序良俗原则地位开始上升，成为民法基本原则。在合同法领域，强制缔约义务、格式条款的规制、情势变更条款的确立等挑战了合同自由原则，侵权法领域，基于对复杂的社会生活实践和公平正

---

① 龚刚强：《法体系基本结构的理性基础》，载《法学家》2005年第3期，第42页。
② ［德］拉德布鲁赫：《法学导论》，米健、朱林译，中国大百科全书出版社1997年版，第57页。
③ 周枏：《罗马法原论》（上），商务印书馆1994年版，第84页。
④ 周枏：《罗马法原论》（上），商务印书馆1994年版，第84页。
⑤ 钟瑞栋：《"私法公法化"的反思与超越》，载《法商研究》2013年第4期，第117页。
⑥ 龚刚强：《法体系基本结构的理性基础》，载《法学家》2005年第3期，第45页。

义理念回应，无过错原则、公平原则的适用导致过错责任原则不再一花独秀。[①]

"公法私法化"实际上就是通过公法关系之中平等对立、协商较量以及恢复补偿等多种私法手段的使用，进一步引进政府和公权力，并且建立在公共利益基础之上的，[②] 例如行政合同的运用和公益事业的民营化。通过对目前的国际形势进行分析发现，在许多西方国家之中，相关国家以及地方政府通过私营化的方式进一步达成权力下放的效果，其所涉及的领域主要有公路、铁路乃至监狱等以往都是由政府进行管理的项目。[③] 并且，以往许多物品的排他性难以达成的情况，通过私人投资经营的方式，已有效地得以解决，甚至出现了更加优质的效果，然而，这些项目中与收费相关的领域还是要在政府权力之下才能得以有效进行。[④]

四、PPP 项目合同争议性质的认定方法

通过上述分析，民事法律关系和行政法律关系在诸多方面具有明显差别，似乎容易区分。实践中，由于部分法律关系的产生、变更、消灭不仅具有民事法律关系色彩，而且还具有行政法律关系色彩，容易模糊人们的视线，造成争议性质判断上的困惑和疑问。这就需要从总体上把握 PPP 项目合同争议性质的认定方法，即便如此，仍然存在一定判断上的困难。首先，熟悉民事法律关系和行政法律关系的基本特征，这是判断争议性质的前提和基础；其次，弄清楚争议对象到底是什么，区分争议本身的性质和引起争议产生依据的性质，二者不可同日而语；严卡行政争议的认定标准，掌握行政复议和行政诉讼的受理范围，先行识别

---

① 钟瑞栋：《"私法公法化"的反思与超越》，载《法商研究》2013年第4期，第117~119页。

② 史际春、邓峰：《经济法总论》，法律出版社1998年版，第64页。

③ 龚刚强：《法体系基本结构的理性基础》，载《法学家》2005年第3期，第46页。

④ 张五常：《卖桔者言》，四川人民出版社1998年版。

PPP 项目合同争议中的行政争议，将剩余争议归入民事争议范围。

五、常见争端类型与性质归纳

有学者结合财政部《PPP 项目合同指南（试行）》、发展与改革委员会《政府和社会资本合作项目通用合同指南》及司法实践中案例，将可能出现的 PPP 项目合同争议予以区分，如表4：[①]

表4　PPP 项目合同争议区分

争议性质	序号	争议事由
民事争议	1	特许经营协议／PPP 项目合同效力认定
	2	项目的名称、内容
	3	项目公司的经营范围、注册资本、股东出资方式、出资比例、股权转让
	4	项目设施权属、项目维护和更新改造
	5	收益取得及分配方式
	6	投融资方式、期限
	7	施工建设问题
	8	履约担保问题
	9	项目移交
	10	违约责任
	11	特许经营协议／PPP 项目合同终止、解除
	12	特许经营／PPP 项目终止后的补偿
行政争议	1	政府对项目实施机构的授权
	2	特许经营权授权（特许经营方式、区域、范围和期限的确定）
	3	项目规划、审批

[①] 沙姣：《PPP争议解决系列谈之二：PPP争议性质认定方法》，载2017年3月22日微信公众号"PPP知乎"，最后访问时间：2018年5月4日。

争议性质	序号	争议事由
行政争议	4	政府对项目的监管
	5	项目产出强制性标准
	6	政府对项目税收优惠政策
	7	竞价机制、收费标准的确定及调整（非市场定价项目）
	8	政府强制性提前收回特许经营权

本书认为，上述民事争议、行政争议分类并非没有争议，越来越多案例表明，政府取消授权、提前收回特许经营权作为民事类案件处理，可能更符合司法实践。

第五章　我国 PPP 项目合同争端解决机制存在问题

第一节　立法层面问题

国家发展和改革委员会曾问卷调查统计基础设施和公用事业特许经营或 PPP 领域存在的主要问题，共涉及 8 个问题，即缺乏统一立法问题、政策不统一不衔接问题、操作不规范问题、民间投资参与度低问题、契约精神不足问题、融资难融资贵问题、权利救济机制不完善等问题，相关调查数据见图 2[①]：

基础设施和公用事业特许经营或 PPP 领域存在的主要问题（多选）：		
选项	投票数	图形比例
缺乏统一立法	49	79.03%
政策不统一、不衔接	47	75.81%
操作不规范	41	66.13%
民间投资参与度低	35	56.45%
契约精神不足	36	58.06%
融资难、融资贵	14	22.58%
权利救济机制不完善	26	41.94%
其他	8	

图 2　基础设施和公用事业特许经营或 PPP 领域存在的主要问题

---

① 数据来自国家发展和改革委员会：《基础设施和公用事业特许经营或 PPP 领域存在的主要问题》，载 http：//www.ndrc.gov.cn/gzdt/201605/t20160519_802249.html，最后访问时间：2018年6月5日。

一、立法规范效力较低

自 2013 年，我国迎来了 PPP 发展的飞跃时期，也可以称之为是黄金时期。尤其以发展与改革委员会、财政部为代表，陆续颁行了大量的政策和规章，国务院也有激励政策出台，数量非常多，用"雨后春笋"形容都不过分。然而，尽管数量庞杂，但法律位阶不高。多是部委规章或者地方性规章，连行政法规层面的文件都是少之又少。《立法法》第八条规定，诉讼和仲裁制度只能由全国人民代表大会及其常务委员会通过制定法律规定，《民事诉讼法》《行政诉讼法》《仲裁法》《人民调解法》等均是解决纠纷的专门法律规定。目前，国家层面没有 PPP 领域的统一立法，现行立法都是效力层级较低的部门规章，导致实践中争议解决方式存有重大争议。在上述部门规章中，相对而言，财政部颁行的《PPP项目合同指南》规定了协商、专家裁决、仲裁、民事诉讼 4 种争议解决方式。《行政诉讼法》及其司法解释属于法律法规，效力高于部门规章及其他规范性文件。但是，《行政诉讼法》及其司法解释仅仅规定了政府特许经营争议的解决，并不包含其他 PPP 模式争议解决方式。2018 年2 月 8 日，最高人民法院施行的《关于适用〈中华人民共和国行政诉讼法〉的解释》未规定有关行政协议定义的内容，只是在第六十八条"有具体的诉讼请求"中第六项提及"请求解决行政协议争议"。

二、立法规范相互矛盾

《行政诉讼法》于 2014 年 11 月 1 日完成第一次修正，其中第十二条第十一款规定，公民、法人或者其他组织认为行政机关不依法履行、未按照约定履行或者违法变更、解除政府特许经营协议、土地房屋征收补偿协议等协议提起的诉讼纳入法院行政诉讼审查范围，立刻引发巨大争议，有学者解释为此类争议只能通过行政诉讼解决，有学者认为《行政诉讼法》仅是提供了一种权利救济途径，并不排除其他形式的维权方式。就在《行政诉讼法》修正后引发巨大争议的大背景下，发展与改革委员会和财政部作为国家推进 PPP 发展进程上起绝对领导作用的两大部门，先后出台了大量的部门规章。就这些部门规章来看，争议解决规范矛盾重重，这些矛盾不仅体现在与《行政诉讼法》的矛盾，也体现在部门规章之间的冲突。就法律角度进行分析，在对政府特许经营协议的性质进行判断的过程中，依照其特征的不同而将其归属于行政协议的范畴，这就意味着由于行政行为所导致的争议属于行政争议，应采取行政诉讼途径解决。财政部的观点是一贯明确的。反观国家发展和改革委员会，其态度并不坚决，其颁布的《政府和社会资本合作项目通用合同指南》(2014 年版)第 73 条规定中指出，针对协议相关职责与义务履行过程之中所出现的争议，通过协商或者调解难以有效解决的，当事人可以通过约定仲裁或者诉讼进行处理，既然可以"约定"，自不待言，约定的肯定是民事诉讼而不是行政诉讼。根据由发展与改革委员会牵头起草的《基础设施和公用事业特许经营法（征求意见稿）》第四十四条的规定，由特许经营协议所导致的争议可以划分为民事争议和行政争议两个方面，在争议解决的过程之中应当选用仲裁和民事诉讼、行政复议和行政诉讼的方式解决。由此可见，财政部、发展与改革委员会意见并不一致，并且，国家发展和改革委员会的观点还时有变化，并非择一而终。

笔者认为，财政部、发展与改革委员会在明知《行政诉讼法》已经对行政协议争端明确作出规定的情况下，仍然在公开的文件中坚持自己观点，可见对此问题有重大分歧，有待尽快定分止争。

三、立法规范内容简单

目前，在财政部、国家发展和改革委员会文件中，很多文件并未涉及 PPP 项目合同争端，即使有所涉及，仅是列举式规定，缺乏系统性，更缺乏可操作性。2014 年财政部《PPP 项目合同指南（试行）》其覆盖面要广一些，其中不仅涉及友好协商、专家裁决、商事仲裁、法院起诉等制度，而且，相对详细地规定了具体规则。但是，相对于国外 PPP 争端解决规范，显然还有较大差距，本书将在第六章第一节论述。

第二节　实践层面问题

一、司法裁判观点冲突

第一，上下级法院对同一案件定性不一。本书第二章第一节"常见争端类型分析"中提到的新疆 A 公司与和田市政府就和田市天然气利用项目工程的投资建设签订《和田市天然气利用项目合同》纠纷案件，诉讼程序自 2008 年 12 月启动，先后经历中级人民法院、高级人民法院，均适用民事诉讼程序，2014 年 7 月最高人民法院未对本案事实进行审查，而是直接裁定驳回起诉。最高人民法院终审认为，虽然原建设部颁布的《市政公用事业特许经营管理办法》针对市政公用事业市场化方向已经作出了明确规定，允许并且鼓励通过签订合同形式推动市政基础设施的建设与服务提供，然而不能因为双方合作关系的建立是以合同方式为基础而否定特许经营权授予的行政许可性质。和田市政府解除合同的依据以及向建设局出具批复同意其接管 A 公司和 C 公司天然气运营业务的行为，按照相关法规条例将其归属于行政行为。针对这一政府行为，A 公司和 C 公司向人民法院提起了诉讼，通过对本案性质进行分析，确认其符合《行政诉讼法》第十二条第七项中针对行政诉讼受案范围的规定。虽然在当事人之间所存在的合同以及法律关系之间存在着一定的民事因素，然而双方之间的法律关系并不是平等主体之间所存在的民事关系，所以从法律关系上判定此案的性质不属于民事案件，也就意味着本案并不在人民法院民事案件受理范围之内，当事人相关诉讼请求需要按照相关行政法规条例重新提起行政诉讼。原审法院将本案作为民事纠纷予以受理并作出实体判决存在不妥，予以纠正。由此可见，对于同一案件性质，上下级法院认识不一。

第二，司法裁判与现行法律冲突。依据 2014 年 11 月 1 日修正的《行政诉讼法》，政府特许经营合同属于行政协议，公民、法人或者其他组织因行政机关不依法履行、未按照约定履行行政协议的行为应当提起行政诉讼。河南省辉县市新陵公路建设指挥部与河南省万通路桥建设有限公司于 2004 年 9 月 15 日，就经营辉县上八里至山西省省界公路项目签订了相关协议书，其中明确约定，项目的投融资、建设以及经营管理皆有万通路桥出资设立的新陵公司承办。后因辉县市政府未能对"路段两端的接线等相关问题的协调工作"有效履行，导致新陵公司所修路桥沦为断头路，无法正常投入使用，新陵公司的合同目的难以实现。新陵公司起诉辉县市政府要求赔偿，辉县市政府辩称本案应适用行政诉讼程序，而非民事诉讼程序。一审法院和最高人民法院均认为，虽然合同的一方当事人为辉县市政府，但合同相对人新陵公司在订立合同及决定合同内容等方面仍享有充分的意思自治，并不受单方行政行为强制，合同内容包括了具体的权利义务及违约责任，均体现了双方当事人的平等、等价协商一致的合意；本案合同并未仅就行政审批或行政许可事项本身进行约定，合同涉及的相关行政审批和行政许可等其他内容，为合同履行行为之一，属于合同的组成部分，不能决定案涉合同的性质。从本案合同的目的、职责、主体、行为、内容等方面看，合同具有明显的民商事法律关系性质，应当定性为民商事合同，不属于《行政诉讼法》及其解释规定的行政诉讼受案范围。笔者赞同一、二审法院的裁判观点，只是认为，从表面和形式上看，该案审理时间是在《行政诉讼法》第一次修正后，而《行政诉讼法》已经明确规定不服政府特许经营协议的，应提起行政诉讼，不能提起民事诉讼（除非将行政诉讼解释为权利救济途径之一），同时，法院立案应当仅是进行形式审查，并不进行实体审理。"政府特许经营协议"是个"类概念"，无论形式上的还是实质上的政府特许经营协议争议，公民、法人或者其他组织认为行政机关不依法履行、未按照约定履行或者违法变更、解除政府特许经营协议而引发的纠纷应当通过行政诉讼程序解决，一审、二审法院却以实质上的"民商事合同"排除行政诉讼途径，值得商榷，留下讨论空间。

二、适用行政诉讼程序的不周延性

2014 年 11 月 1 日修正的《行政诉讼法》并未起到"定分止争"的作用，相反，在一定程度上造成了理论上的困惑和司法实践上的困难。将政府特许经营合同纳入行政诉讼受案范围存在诸多现实困境和局限：

（一）《行政诉讼法》是程序法，本身不能作为认定协议性质的依据

《行政诉讼法》及其司法解释属于程序法，只是对受理和审理行政协议（政府特许经营合同）程序方面作出规定，不能对何为行政协议作出规定，认定行政协议是实体法的问题。2015 年 5 月 1 日实施的《关于适用〈中华人民共和国行政诉讼法〉若干问题的解释》规定了行政协议的概念，即行政协议是指行政机关为实现公共利益或者行政管理目标，在法定职责范围内，与公民、法人或者其他组织协商订立的具有行政法上权利义务内容的协议。值得注意的是，2018 年 2 月 8 日起施行的《关于适用〈中华人民共和国行政诉讼法〉的解释》删除了行政协议的概念。这说明最高人民法院意识到不宜在《行政诉讼法》及其司法解释中规定行政协议的概念。

（二）行政诉讼中被告恒定，政府方不能主动发起诉讼，只能被动应诉

由于行政诉讼中，行政机关只能作为被告，社会资本方不可能成为被告。如果社会资本方违约并且必须通过行政诉讼解决纠纷，事实上行政诉讼根本无法启动，政府方如何救济就面临着理论上的尴尬和现实的困难。基于同一个法律关系仅因主体不同而诉诸不同的争议解决方式，无法在同一制度框架内解决。政府方或者通过民事诉讼（商事）仲裁方式维权，或者行使行政优益权促成纠纷的有效解决，这将导致政府对行政优益权的滥用或者由于缺乏具体的明确规定而选择不作为。[①] 另外，如果社会资本方不服罚款、责令停产停业、撤销特许经营权等制裁措施，势必又会产生新的纠纷，可谓一波未平一波又起。

（三）增加了社会资本方的维权难度，降低了维权信心

依照 2014 年 11 月 1 日修正前的《行政诉讼法》，常规情况下的 PPP 项目合同（含政府特许经营）纠纷普遍采用民事诉讼或者商事仲裁解决，为当事人普遍接受，政府和社会资本方地位平等，也符合当事人的心理预期。《行政诉讼法》修正后，反而造成争议解决的困惑，社会资本方担心提起民事诉讼被裁定驳回或者仲裁裁决被撤销，对传统行政诉讼原告胜诉结果又心怀疑虑，事实上动摇了社会资本方对法治的信心。

（四）难以发挥诉讼调解的优势

据报道，2014 年全国法院系统民事案件一审调解和撤诉结案数量占

---

① 吴钰：《PPP 项目合同争议解决机制研究》，2017 年武汉大学法学专业硕士学位论文，第 35~37 页。

总案件数量的 57% 之多，[①] 由此可知，调解在纠纷解决中起到了巨大的促进作用。《行政诉讼法》第六十条规定，人民法院审理行政案件，不适用调解。但是，行政赔偿、补偿以及行政机关行使法律、法规规定的自由裁量权的案件可以调解。如果政府特许经营纠纷必须通过行政诉讼途径解决，将在很大程度上限制调解的应用。PPP 项目涉及基础设施和公共服务领域，事关社会公共利益，如果能够适用调解结案，势必能够促进尽早"定分止争"。调解有助于修复和维护政府和社会资本方之间良好的合作关系继而实现双赢。[②]

（五）容易助长地方保护主义

尽管我国提高了受理行政诉讼的一审法院级别，对县级以上地方人民政府所做的行政行为提起的第一审行政诉讼的案件，由中级人民法院管辖。即使目前，法院人、财、物逐步脱离地方，实现省级"统管"，但是，法院与地方党委、政府之间存在千丝万缕的关系，法院在一定程度上仍受到地方及其上级党委政府的干涉。

三、仲裁解决方式的不确定性影响争议解决效率

由于对 PPP 项目合同的性质未能定性，尤其因 PPP 项目合同产生纠纷的性质定性不一，致使争议解决方式选择成为困难，选择仲裁解决方式存在不确定性，这种不确定性体现在以下两方面：第一，由于担心裁决书被撤销或者不被执行，仲裁机构在受理 PPP 项目合同纠纷案件时将会变得趋于保守，将本属于仲裁机构受案范围内的纠纷案件拒之门外或者是否受案摇摆不定。第二，仲裁审理过程中，有时需要先行处理某些

---

① 马剑：《实现审判服务经济社会发展的新常态——2014年全国法院审理民商事案件情况分析》，载《人民法院报》2015年5月4日。

② 汪国华：《政府和社会资本合作项目合同性质及争端解决机制》，载《法商研究》2018年第2期，第9~10页。

行政行为的合法性、合理性问题，而这些行政行为的合法性、合理性问题的处理是仲裁推进的必要前提和基础，就会产生仲裁中止至少延期的结果，从而影响案件效率，继而仲裁庭无法把控案件最终裁决结果。并且，这一类型的纠纷实际上将会造成仲裁案件的审理受到多种阻碍，如有不慎将会导致其超出仲裁案件的审理范围，为当事人申请撤裁或申请不予执行仲裁裁决提供了借口和理由。

2017 年 7 月 21 日的《基础设施和公共服务领域政府和社会资本合作条例（征求意见稿）》之中明确指出协商解决、申请仲裁或向法院起诉、聘请专家或者专业技术机构提出意见、提起行政复议或者行政诉讼等争议解决方式，即便此《合作条例》正式通过，仲裁争议解决方式遇到的困惑并不能当然彻底消除，毕竟此《合作条例》系国务院制定的行政法规，而并非严格意义上的全国人大或者全国人大常委会制定的法律，其效力位阶低于《行政诉讼法》，在进行 PPP 项目合同审理中，相关仲裁机构需要依照更高加位阶的法律来进行仲裁，这就使得仲裁机构在进行此类合同纠纷审理过程之中的适用性大大下降。[①] 根据《仲裁法》第五十八条的规定，当事人提出证据证明裁决的事项不属于仲裁协议的范围或者仲裁委员会无权仲裁的，人民法院应当裁定撤销仲裁裁决书。因此，2014 年 11 月 1 日修正的《行政诉讼法》及其司法解释施行以后，仲裁机构受理涉及特许经营的 PPP 项目纠纷并作出裁决的，上述裁决即有被撤销的风险。

[①] 秦永慧：《构建PPP争议解决机制的思考及建议》，载《中国建设信息化》2018年第4期，第40页。

第六章　PPP 项目合同争端解决机制构建

　　法律是降低投资风险和提高项目落地率的重要因素。PPP 项目合同争端解决的方式对于 PPP 法律适用具有举足轻重的作用。当人们投资越有保障，投资风险就越小，投资的意愿和动力也越强。2014 年修正后的《行政诉讼法》并不足以构成引入民事解决机制的障碍，仲裁可以成为一个可行的争端解决方案的备选。务必建立健全符合我国实际的 PPP 项目合同争端解决机制，以期统一认识、凝聚共识。准确把握 PPP 项目合同与一般民商事合同之间的差异性，充分认识到私法公法化和公法私法化的潮流和趋势，统筹兼顾司法公正和司法效率，不仅要促进纠纷的妥善解决，还要从根源上防止纠纷久拖不决。

　　有实务专家建议，尽量约定异地仲裁条款，实现公正裁判。如果通过诉讼解决，尽量选择级别高的法院起诉，级别越高，法院独立审判的可能性就越强，地方干预的可能性也就越小。[①]

　　如果行政机关没有法律上的单方特权，行政机关若行使单方特权就属于违法行为。目前，难以找到行政机关在特许协议履行中单方变更或者终止的实体法规定，所以就行政机关单方行为引起的争端解决而言，《行政诉讼法》规定行政机关行使单方特权情形的现实性并不强。即使法律以后明确授予行政机关的单方权力，如果社会资本方不主张单方特权行为的合法性问题，而只是主张由此引起的经济补偿问题，走民事诉讼或者商事仲裁程序没有任何问题，甚至条件成熟后，法律可以规定强制仲裁制度，任何一方均可以申请仲裁，而仲裁的提起不再以当事人达

---

　　① 索倍团队汪金敏：《PPP争议谁说了算》，原载微信公众号"道PPP"，转自中国水网http://www.h2o-china.com/news/227935.html，最后访问时间：2018年5月6日。

成合法有效的仲裁协议或约定有仲裁条款为前提和依据。

当然，有学者秉持"行政合同纠纷的有效解决务必建立在严格遵循行政诉讼程序的基础之上"这一理念，主张 PPP 协议实际上具有行政合同性质，所以与其有关的纠纷应当通过行政诉讼的方式来进行解决。PPP 法律救济的实效是建立在其诉讼渠道与相关诉讼程序的基础之上的，一些学者和律师忽视法学界关于行政合同公法建制的统一认识（中国行政合同的建制应选择公法模式），始终摆脱不了"民告官"胜诉概率小的思维局限，妄图将其从行政合同体系之中予以排除，出于狭隘的行政相对人利益考量，对当事人司法救济实效的最大化过于重视，进一步导致其对行政主体公共职能和社会公共利益产生一定程度的忽视，思考问题角度有失公允和周延。[①] 经国务院同意颁布于 2015 年 6 月 1 日实施的《基础设施和公用事业特许经营管理办法》并未规定民事诉讼、商事仲裁途径，仅是规定了行政复议、行政诉讼救济渠道。对此，笔者对此持保留态度。

第一节　其他国家和地区 PPP 项目合同争端解决机制考察

按照现代权利观念和权利学说，"有权利就有救济，没有救济的权利就不是真正的权利"。[②] 他山之石可以攻玉。为更好地构建适合我国国情的 PPP 项目合同争端解决机制，不妨从考察其他国家和地区 PPP 项目合同争端机制开始。

---

① 龚鹏程、臧公庆：《PPP模式的交易结构、法律风险及其应对》，载《经济体制改革》2016年第3期，第147页。

② 起源于罗马法的法谚。

一、以 GPA 协定为代表的质疑程序与争端解决机制的双重救济机制

联合国《国际商事仲裁示范法》中对"商事"通常作广义解释，包含不论是契约性或非契约性的一切商事性质的关系所引起的事项，其中明示包括"特许"。根据《纽约公约》第 5 条第 2 款的规定，可仲裁性的评判依据缔约国当地标准。

在实践中，PPP 项目合同纠纷在国际层面很少通过国内诉讼来解决，绝大多数是依靠国际仲裁。

《政府采购协定》简称 GPA，是 WTO 法律框架之中众多的协议之一，并且在国际上有着第二个 WTO 之称，主要是由于其所主张的开发性之高，与 WTO 不相上下，另一方面，这一协定的加入程序繁琐程度与 WTO 无异。

GPA 对于争议解决特色体现在非诉救济方面，其采取协定的质疑程序与成员国国内争端解决机制相结合的双重救济机制。质疑程序对于缔约方所做的要求，是通过书面的形式，制定出一套能够对供应商参与到采购活动之中所期待利益予以保证的程序，并且这一程序需要秉承"公平、公正、公开、有效"的原则，由法院或其他公开、独立的审查实体为其顺利实施建立相关保障，它是与世界贸易组织争端解决机制完全不同的机制，有助于将争端扼杀于萌芽状态。[1] 质疑程序是对和平友好解决争端以及有效利用成员国国内当地救济的国际法原则有效体现，被学者誉为"独特的救济体制设计"。[2]

---

[1] 王克稳：《政府合同研究》，苏州大学出版社2007年版，第213页。
[2] 肖北庚：《国际组织政府采购规则比较研究》，中国方正出版社2003年版，第172页。

二、以英国为代表的多层次争端解决机制

英国系世界上最早提出并推行 PPP（或 PFI）模式的国家，英国不存在统一的 PPP 专门立法，其关于 PPP 立法多散见于《公共合同法》《公用事业单位合同法》《政府采购法》等通用法律以及具体的规范性文件当中，这些法律文件足以支撑英国 PPP 的实施运作。英国 2012 年版的《标准化 PF2 合同》中的争议解决条款明确规定，可以选择替代性纠纷解决方式（ADR）。

其借鉴国际咨询工程师联合会（法文缩写 FIDIC）的多层次争议解决条款，以和解、调解、专家决定等"替代性纠纷解决机制"作为前置性程序，诉讼或者仲裁作为权利救济的最后途径。英国关于 PPP 项目合同争议解决的程序分为三步走：首先，争议当事人尽可能协商调解，如果调解成功，当事人之间签订和解协议。其次，如果协商不成，争议当事人可将争议提交争议双方任命或者指定的专家予以裁定解决，当然，合同中可以约定排除专家裁决对某些争议案件的适用。再次，如果当事人对专家裁决或者专家决定不满意，任何一方均可将争议事项提交诉讼或者仲裁解决。PF2 合同对于评判和判决的流程限制处理时间，与此同时，争端产生和解决期限内，承包商必须继续施工或者提供服务，不得以争端为由延误工期。

三、以法国为代表的行政诉讼解决机制

法国 PPP 模式主要包括特许经营和合伙合同两大类型，并且采取分别立法模式。特许经营模式出现得较早，早在 16、17 世纪就开始广泛应用，法国的合伙合同是 2004 年在借鉴英国 PFI（是指对于难以向使用者收费的社会基础设施，通过政府购买服务方式引入私人部门的方式）的基础上形成的，其英文的字面解释为"私人融资活动"，在国内又以

"民间主动融资"这一称呼居多，这一模式于 1992 年诞生于英国，并且逐步通过各国之间的交流进一步在西方发达国家之中流行开来的新型基础设施投资、建设和运营管理模式。为了促进 PPP 事业的发展，2004 年 6 月 17 日，法国政府制定并出台了第一部 PPP 模式公私合作合同行政法规，指出 PPP 合作合同属于典型的行政合同。2008 年 7 月 28 日，法国国民议会颁布了 PPP 模式公私合作合同法律，该法律的内容较之前的行政法律，内容更加具体化、程序化和专业化。[①]

法国有着完善的行政法院体系。早在 PPP 立法之初，法国就将 PPP 项目合同定性为典型的行政合同，明确合同争议由行政法院处理。在法国，公共工程、公共劳务和公共供应契约的采购中，公布行为、选择候选人行为、最终分配契约行为、批准行为等经由行政机关做出的决定和采取的措施都是正式的行政行为，所产生纠纷由行政法院管辖。[②]法国在 2015 年至 2016 年对该国的公共合同法律体系进行改革完善，不仅形成了统一的公私合作合同（MP）制度，还明确定性公私合作合同为采购合同的法律属性，但同时规定，公私合作合同不是普通的采购合同，在法律适用以及纠纷解决方面，不再严格受制于传统的行政合同制度，可以通过商事仲裁解决争端。

四、以德国为代表的民事诉讼解决机制

德国深受国库理论（国家作为一个主权者，具有至高无上的地位，而当国家参与民事活动时，涉及的主要财产法律关系要受到私法的制约，国家就成了国库，成为一个法人）影响，具有由民事诉讼机制处理私人与国家因政府采购合同产生争议的传统。德国法中的政府采购合同

---

① 徐琳：《法国公私合作（PPP模式）法律问题研究》，载《行政法学研究》2016年第 3 期，第 117 页。

② 马丽芳：《政府采购合同诉讼救济制度探析》，2007年四川大学法学专业硕士学位论文，第24页。

可以由行政部门与私人或私法法人来签订。此类合同属私法范畴或是公法范畴，关键在于合同的标的物。

行政主体在行政行为中引入契约型要素，本质上是合意的应用。德国学者提出政府采购合同法律关系之中的公法因素是可能存在的，20 世纪中期，德国为了对行政合同加以确立，进行了相关立法，为了执行欧盟的救济法令，建立了两个层次的政府采购及其合同的司法外的审查制度，一是签约行政审查机构，审查属于行政行为，二是组建签约复议委员会，委员会审查签约审查机构的决定，委员会属于准司法性质。[①] 在德国，对于政府采购合同引发争议，已经融进了具有行政救济性质的争议解决机制，当然，德国仍然将民事诉讼作为政府采购合同纠纷的最终解决机制。[②]

但是，由于公私合作所产生的纠纷，德国的相关法律条文之中并没有较为统一的救济机制，也就意味着，此类纠纷通过行政法院或者普通法院并不一定能够得以有效解决。要根据对争议本身至关重要的法律法规的性质来确定是行政法院还是普通法院。也就是说，如果 PPP 是通过典型的公法合同方式缔结，则应诉诸行政法院，如果 PPP 合同的属性为私法，合同要素为工程、服务、采购或是出租合同，则由普通法院管辖。[③]

五、以美国为代表的行政、司法并举的解决机制

美国没有统一的 PPP 法律，PPP 立法散见于联邦立法和州立法之中，但是，总体而言，美国的政府采购制度比较发达和健全，为了解决

---

① 余凌云：《行政契约论》，中国人民大学出版社2000年版，第241~43页。
② 唐小娟：《我国政府采购合同的司法救济途径》，2009年兰州大学法学专业硕士学位论文，第15页。
③ 蒋蔚：《部分国家关于PPP协议的法律制度安排情况》，载《人民法院报》2017年9月1日，第8版。

政府采购合同争议，在大型行政机关中设立合同上诉委员会，并在法院系统中设立专门处理政府合同争议的联邦索赔法院。[①] 在美国，通常按照争议发生阶段的不同，政府采购争议划分为"合同授予争议"和"合同履行争议"。对于"合同授予争议"，供应商不仅可以向行政机关（采购机关或者联邦审计总署）提出异议，而且可以选择向法院起诉。司法实践中，由于诉讼程序复杂且为避免诉讼旷日持久，供应商一般会选择向行政机关提出异议。[②] 对于"合同履行争议"，供应商可以通过向缔约官裁定、向合同上诉委员会申诉、向联邦索赔法院起诉三种途径解决。1978年美国《合同争议法》规定，对于合同履行争议，当事人可以向"缔约官"提出，由其做出初步裁定，对于该裁定，采购机关必须服从，供应商有权提出异议。如果供应商不服"缔约官"的裁定，或者"缔约官"逾期未裁定，可以在法定期限内向"合同上诉委员会"进行申诉，或者向"联邦索赔法院"发起直接诉讼。合同上诉委员会通常会选择非正式、便捷及经济的方式处理纠纷，联邦索赔法院享有对与政府采购合同有关的请求进行初审的权利。对于合同上诉委员会或者联邦索赔法院的裁决不服，当事人可以选择向联邦巡回法院上诉，由联邦巡回法院做出最终裁决。美国的政府合同制度无论是合同的订立、管理还是争议解决，都更是一种行政程序，此项制度与私法合同相关的程序有重大区别。[③]

---

① ［美］Daniel·J·Mitterhoff：《构建政府合同制度——以美国模式为例》，杨伟东、刘秀华译，载《行政法学研究》2000年第4期，第89页。

② 王周欢、葛敏敏：《政府采购救济机制比较研究（上）》，载《中国政府采购》2005年第12期，第6~63页。

③ ［美］Daniel J. Mitterhoff：《构建政府合同制度——以美国模式为例》，杨伟东、刘秀华译，载《行政法学研究》2000年第4期，第96页。

六、韩国强制政府接受调解的多层级争端解决机制

韩国是世界上较早推广和应用 PPP 模式的国家，自 1994 年以来，先后制定了以《公私合作基础设施建设法》《公私合作基础设施建设法实施法令》为核心的较为系统和完善的 PPP 法律体系，并在此基础上建立了 PPP 评估委员会、公司参与基础设施投资管理中心、PPP 项目纠纷调解委员会。韩国建立了以强制政府接受调解为特色，由异议制度、PPP 项目纠纷调解委员会、诉讼制度构成的多层级争端解决机制。

异议制度。任何 PPP 项目利益相关人均可就包括对 PPP 私人部门的告知、PPP 项目设施总体规划方案、对特许经营者或者潜在的谈判对象的选择等提出异议。异议提出后，主管机关可能会采取必要措施消除对异议人利益造成损害，甚至将会采取某些措施进一步对相关项目进行取消，倘若对主管机关所实施的相关措施存在异议的，异议人可以在通知收讫后 15 日之内向 PPP 项目纠纷调解委员会提出纠纷调解的申请。

PPP 项目纠纷调解制度。韩国依据《公私合作基础设施建设法》设立 PPP 项目纠纷调解委员会，韩国 PPP 争端机制的闪光点就在于这一委员会的设立以及其相关运作机制。由于 PPP 项目本身具有较强的复杂性，并且项目本身与公众利益又有着较为密切的联系，所以在进行公共利益代表的选举过程中，必须针对其学历以及专业知识进行要求，并且还需要兼具知识与理性，确保在处理纠纷时不损害公共利益，尽量保证委员的中立性和对公共利益的关注，妥善平衡各方利益，对相对较为复杂的纠纷予以处理。在进行调解的过程中，坚持自愿的原则，倘若双方之中有一方当事人向法院提起诉讼，调解委员将会终止调解程序。但是，基于社会资本方原本处于弱势地位，如果仅仅实现程序上的对等就不能实现实质上的公平，据此，《公私合作基础设施建设法》规定，如果申请调解人是社会资本方，作为另一方当事人的国家或者地方政府必须同意调解。这就是韩国独具特色的强制政府接受调解制度。

诉讼制度。韩国并不推崇诉讼对 PPP 争端的适用，规定相对简略，但是泾渭分明。《公私合作基础设施建设法》第 27 条明确规定，经营管理权的本质是一种财产性权利，适用于不动产的民事法律。既然是财产性权利，所产生的纠纷自然要适用民事诉讼法的程序规定。同时，该法并没有规定行政诉讼，可以认为，韩国立法者将 PPP 项目合同纠纷定性为民事纠纷并适用民事法律解决。①

七、拉美国家保守的 PPP 争端解决方式

20 世纪 90 年代，一些拉美国家开始引进 PPP 模式，投资于电力等基础设施领域，先后出现了"哥伦比亚模式"和"智利经验"。截至 2015 年，针对 PPP 进行立法的拉美国家已达 18 个之多，而且洪都拉斯、墨西哥、乌拉圭等国还对立法进行了较大幅度的修改完善，2016 年 11 月，阿根廷颁布关于"公私参与合同"的立法。上述立法修法，最大程度体现政府的归政府、私人的归私人理念。在争端解方面，这些立法要么疏于规定，要么主要归于行政争议范畴。在涉外 PPP 争端解决方面，这些国家趋于保守思维，总体贯彻"排斥外国管辖""排斥外国法的适用"的态度，诉讼只能在该国进行，并且只能适用本国法律。②

八、以我国台湾地区为代表的行政、司法分工解决机制

我国台湾地区制定有"促进民间参与公共建设法"，依据该法 11 条规定，仲裁条款是 PPP 项目合同的必备条款，这也说明，仲裁制度在我国台湾地区的 PPP 项目合同争端解决中发挥着重要的作用。该法第 12

① 马斌、郭枫：《韩国 PPP 纠纷解决机制及其启示》，载《合作经济与科技》2017 年第 3 期，第 183~84 页。

② 蒋蔚：《部分国家关于 PPP 协议的法律制度安排情况》，载《人民法院报》2017 年 9 月 1 日，第 8 版。

条规定，特许经营权利义务务必以民事法律为其法律根据，除另有规定或者另有约定的情况之外。该法的实施为 PPP 项目合同争议解决提供了基本的法律依据，成为我国台湾地区 PPP 立法发展完善的标志。依据该法 47 条，公共建设的主管机关是行政院公共工程委员会。另外，我国台湾地区当局依据"促进民间参与公共建设法"制定了"民间参与公共建设申请及审核程序争议处理规则"，专门用来指导特许经营相关争议的处理，在行政机关内部设立采购申诉审议委员会，主要包含异议制度、申诉制度、行政诉讼制度。依据"民间参与公共建设申请及审核程序争议处理规则"第 22 条规定，政府和社会资本方可组成协调委员会作为内部的纠纷处理机制协商处理 PPP 项目合同履行及争议事项。

总体而言，我国台湾地区关于采购合同争议的处理机制与美国有相似之处，但是，我国台湾地区不存在以合同成立时间为标准，将合同阶段分为合同预备成立阶段、合同履行阶段的"双阶理论"并且我国台湾地区存在独立的行政诉讼阶段，当事人一旦选择了申诉审议委员会的救济，就意味着放弃了普通的民事司法救济途径。①

通过上述对英国、法国、德国、美国、韩国、拉美国家及我国台湾地区的等域外 PPP 项目合同争端机制的考察，给我们以下启示：第一，PPP 项目合同系政府与社会资本方为明确双方权利义务关系而签订的内容复杂的协议，具有标的大、周期长、具有公益性等特征，纠纷种类繁杂，为妥善解决纠纷，各国在立法中明确规定 PPP 项目合同的争议解决方式，大多构建了包括调解、和解、诉讼、仲裁在内的多层次、多元化的争议解决机制，以期增强社会资本参与 PPP 项目的信心，推动 PPP 事业的稳健发展。第二，各国争议解决方式，均立足各国国情，包括但不限于经济发展水平、司法传统、PPP 争端解决实践探索、纠纷解决能力等，不搞一刀切，只要有利于 PPP 争端解决并且不违背现行法律法规都可以采取

---

① 王克稳：《政府合同研究》，苏州大学出版社2007年版，第215页。

并值得鼓励，对于我国来讲，也是如此，不能简单地实行拿来主义，而应结合我国实际情况，进行有意义且富有实践价值的借鉴和探索。[1]

第二节　建立专门议事协调机构

专门的协调机构有利于提高办事效率，有利于保证政出一门，有利于协调部门之间利益，避免各自行政或自立山头，同时为政府和社会资本方采取合适的争端解决方式提供建议或者自身充当调解人，及时解决纠纷，保护当事人合法权益，维护公共利益不受损害。

公私合作关系将会带来较大的寻租空间，为了在这一空间内取得更多的合作机会，民间资本就需要在激烈的竞争当中脱颖而出。只要有竞争就会出现不平等竞争，而不平等竞争就会导致腐败现象的出现。对项目进行寻租而产生的成本都会直接或者间接地转化到未来的合作项目中去，关系到合作项目的结果，并最终影响到社会的公共利益。尤其在我国，决策环节不透明，项目建设缺乏真正意义上的监督。诚如我国台湾地区法学家翁岳生所言，行政法律关系不会因为公私合作这一情况的出现而消失。政府公法意义上的监督义务是始终存在的，不因其合作关系发生改变而消失。[2]

放眼国际，作为 PPP 模式发源地的英国，实际上给我们提供了可资借鉴的模式。早年的英国政府就已经在其财政部中专门设立了 PPP 处以及地方伙伴关系协会，并且通过地方关系协会与私人部门合资成立了英国伙伴关系公司。以这一公司为基础进一步向 PPP 模式的发展提供智力

---

[1]　杜梦秋：《PPP项目合同争议解决的法律问题研究》，2017年东南大学法学专业硕士学位论文，第17~18页。

[2]　黄日灿：《"公私合作与法律治理"研讨会会议综述》，载《月旦法学杂志》2014年第1期。

支持。另一方面，不仅仅要设立专门的 PPP 处，与此同时还设立了相关的基础建设机构，针对 PPP 政策的推广与实施奠定坚实的基础。也正是相关机构的建立，并且机构本身有效地进行相关责任划分，各个部门各司其职，通力合作，推动 PPP 项目的有效实施。[1]

反观我国，国家发展和改革委员会、财政部作为推进 PPP 模式的两个主管部门，财政部及其各级财政管理部门还设立了政府和社会资本合作中心。基于利益、角度、认识等方面的不同，双方缺乏协调，各行其是，分别颁行了大量的部门规章以及指导性文件，既有类似重合之处，也有矛盾冲突之处，致使实际操作者无所适从。

国内学者多支持建立独立的监管机构。有学者主张，我国目前监管机构的改革应该逐步厘清各政府部门之间的监管职能界限，按照谁最容易获得信息、谁负责监管的原则，尽量把各部门分散的监管职能集中到一个监管机构，保持相对的独立性，使被监管企业面临一个或少数几个监管部门，避免多头监管，企业无所适从。[2] 有学者认为应当围绕公共利益和供给效率展开，支持创设以公共利益为核心的独立监管，认为独立监管有利于实现"政企分开"、厘清政府职能。[3] 还有学者提出设立综合性独立监管机构的设想，该机构参与项目全过程的监管，尤其是对日常事项的监管。[4]

还有学者认为，设立独立的监管机构与国家正在开展的"简政放权"为核心的行政体制改革相悖，同时，该学者指出，宏观调控层面是发展改革部门的职能所在，财政部掌握着"钱袋子"，具有实质的监管

① 吴钰：《PPP项目合同争议解决机制研究》，2017年武汉大学法学专业硕士学位论文，第47页。

② 肖晓军、吕景春：《公私合作制在中国目前公用事业市场化中面临的问题——以特许经营制度为例》，载《开发研究》2006年第5期，第94页。

③ 陈婉玲：《公私合作制的源流、价值与政府职责》，载《上海财经大学学报》2014年第5期，第83页。

④ 叶晓甦、张永艳、李小朋：《我国PPP项目政府监管机制设计》，载《建筑经济》2010年第4期，第94~95页。

权力，并且财政部通过积极推进 PPP 示范项目，积累了丰富的监管工作经验，应该由财政部承担 PPP 项目的监管职能。[①]

　　笔者以为，实践已经证明，PPP 项目涉及政府多个部门，投资额巨大、履行时间长、争议涉及不特定多数人的公共利益，为避免政出多门，摒弃狭隘的部门利益，我国应该借鉴英国 PPP 管理经验，在国务院单独设立正部级的政府和社会资本合作协调议事机构，统一负责组织、管理协调全国 PPP 项目发展事宜，该机构由国务院直接领导，不隶属于国家发展和改革委员会，也不隶属于财政部，协调各方利益关系、统一发布 PPP 政策文件、制定相关标准，从宏观上加强监督管理，就政府与社会资本合作过程中出现的争端拿出初步解决方案或者组织双方进行调解，尽可能快速地定分止争。同时，在省级以下、县级以上人民政府，设立地方性管理机构，侧重于对社会资本（项目公司）进行价格监管、质量监管、服务监管。[②]

第三节　建立民事、行政的多元化争端解决机制

　　国家发展和改革委员会调查问卷显示，基础设施和公用事业特许经营协议争议可以通过多元纠纷解决架构解决，包括但不限于协商、专家或第三方机构调解、仲裁、民事诉讼、行政诉讼和其他方式，见图 3：[③]

---

　　① 欧阳天健：《论公私合作制的理论突破与路径完善》，载顾功耘主编：《公私合作（PPP）的法律调整与制度保障》，北京大学出版社2016年版，第56~57页。

　　② 吕明瑜、孙瑞瑞：《经济法视域下PPP模式中公私利益的协调》，载顾功耘主编：《公私合作（PPP）的法律调整与制度保障》，北京大学出版社2016年版，第252页。

　　③ 国家发展和改革委员会：《基础设施和公用事业特许经营立法公众意见调查情况反馈》，载 http://www.ndrc.gov.cn/gzdt/201605/t20160519_802249.html，最后访问时间：2018年6月5日。

基础设施和公用事业特许经营协议争议纠纷解决方式：（多选题）		
选项	投票数	图形比例
协商	44	70.97%
专家或第三方机构调解	29	46.77%
仲裁	42	67.74%
民事诉讼	31	50.00%
行政诉讼	35	56.45%
其他	6	9.68%

图 3　基础设施和公用事业特许经营协议争议纠纷解决方式

从上述调查可见，协商和仲裁是当事人最乐意选择的两种纠纷解决方式，其次是行政诉讼和民事诉讼。

一、民事救济途径与行政救济途径

对于 PPP 项目合同争议解决条款的设置经常引起争议。一种观点认为，应当将 PPP 项目合同判定为民商事合同，对其所产生的争端的解决，应当采取商事仲裁或者民事诉讼，另一种观点认为，应当将 PPP 项目合同定性为行政协议，对其所产生的纠纷的解决，只能通过行政复议或者行政诉讼的方式来进行。

认为 PPP 项目合同可以通过商事仲裁或者民事诉讼途径解决的理由主要有两个：

第一，国家发展和改革委员会《关于开展政府和社会资本合作的指导意见》（发改投资〔2014〕2724 号）附件二《政府和社会资本合作项目通用合同指南》第十四章"争议解决"中明确指出，需要对争议解决方式进行约定。在项目合同这一部分之中，本章为项目合同必备篇章。第 73 条规定中对争议解决方式作出了明确规定：1. 协商。一般来说，针对争议的出现，优先采用的争议解决策略是友好协商，倘若友好协商无法有效处理相关争议，那么将可以通过仲裁或者诉讼的方式来进行解决。2. 调解。针对项目实施与运营过程中所出现的争端的解决，可以依照相关约定通过调解的方式来进行，并明确调解委员会的组成、职权、议事原则、调解程序、费用的承担主体等内容。3. 仲裁或诉讼。倘若协商或调解，不能对相关争端进行有效解决，那么争端的解决可以依照合同中所约定的仲裁或者诉讼的方式来处理。

第二，财政部《关于规范政府和社会资本合作合同管理工作的通知》（财金〔2014〕156号）附件《PPP项目合同指南（试行）》第二十节"适用法律及争议解决"第二项"争议解决"明确规定，解决争议的方式是具有梯度性的，其最终的解决方式一般是以仲裁或者诉讼为主，并且在其最终解决方式之前，会设立一系列的争议解决机制，进一步提升争议解决的效率，使得在未经仲裁或者诉讼方式解决之前，有效的得以处理。仲裁的实施需要建立在双方书面合意的基础之上，之后才能进入仲裁程序，这一手段能够有效地代替诉讼的方式来对争议与纠纷进行解决。

在对PPP项目合同争议解决条款进行设置的过程当中，可以参照以上法规，以争议解决的方式的梯度性为基础，建立仲裁或诉讼的最终的解决制度。仲裁程序往往具有较强的便捷性，其相关程序流程也比较简便，与此同时，诉讼程序又存在较强的正式性与对立性，这意味着，在PPP项目双方在进行最终的争议解决程序的选取过程中务必要慎重权衡。

主张PPP项目合同争议纠纷只能采用行政复议或者行政诉讼解决的理由是：

第一，国家发展和改革委员会所出台的《关于开展政府和社会资本合作的指导意见》（发改投资〔2014〕2724号）及其附件《政府和社会资本合作项目通用合同指南》、财政部《关于规范政府和社会资本合作合同管理工作的通知》（财金〔2014〕156号）及其附件《PPP项目合同指南（试行）》，均非法律，仅为国家部委的政策。《政府和社会资本合作项目通用合同指南》《PPP项目合同指南（试行）》均为示范性、指导性的指南，非强制实施的标准合同文本，仅具有参考作用。

第二，2015年5月1日起施行的《最高人民法院关于适用〈中华人民共和国行政诉讼法〉若干问题的解释》第十一条明确规定，政府特许经营协议的签订实质上是为了公共利益或者行政管理目标的实现，提供有力的保障。这一协议的签订，是行政机关与公民法人或者其他组织在法律规范之下，针对政法上相关权利义务内容进行明确的协议，符合行政诉讼法第十二条第十一项中关于行政协议的相关规定，行政机关为实现公共利益或者行政管理目标，在法定职责范围内，与公民、法人或者其他组织协商订立的具有行政法上权利义务内容的协议，属于行政诉讼法第十二条第十一项规定的行政协议。① 该条规定，公民、法人或者其他组织就下列行政协议提起行政诉讼的，人民法院应当依法受理：（一）政府特许经营协议；（二）土地、房屋等征收征用补偿协议；（三）其他行政协议。法院属于争议解决的最后机关，在法律的选择与适用上，最高人民法院的司法解释属于全国各级人民法院须遵守的规则。②

商事仲裁实践中，只要合同约定了仲裁条款，一般都会作为民事合同进行审理。在诉讼中，行政诉讼法司法解释出台前，实务中虽有将PPP合同认定为行政纠纷的判例，但绝大多数判例将PPP合同争议认定为民事纠纷。在裁判理由方面，主要有两种思路：其一，不讨论PPP合同的性质是民事性质还是行政性质，只需判断该争议是否与行政主体行使行政职权相关，即应当结合争议的具体内容及所针对的行为性质来认定，如果争议涉及行政权力的行使，则应认定为行政性质；而如争议与行政权力的行使没有关系，则应按民事纠纷处理。其二，在个案中对PPP合同性质进行认定，并据此判断争议性质。如合同签订主体、内容、

---

① 2018年2月8日施行的《最高人民法院关于适用〈中华人民共和国行政诉讼法〉的解释》删除了行政协议的概念。

② 李金升：《PPP项目合同争议解决条款的法律分析》，转载于马克资讯http://news.makepolo.com/4299272.html，最后访问时间：2018年6月8日。

违约责任、争议解决等约定都具有明显的民事法律关系性质，应认定为民事纠纷。行政诉讼法司法解释出台后，法院在对待 PPP 合同的争议解决上，依然存在截然不同的观点。比较有代表性的判例有：

1. 将 PPP 项目合同认定为行政协议

在（2015）深中法商终字第 1697 号判决中，深圳市中级人民法院认为，行政诉讼法已明确规定当事人认为行政机关不依法履行、未按照约定履行或者违法变更、解除政府特许经营协议而引发的纠纷应当通过行政诉讼程序解决。该法施行时，合泰公司与深圳市水务局的涉案纠纷尚在一审程序，应当适用上述规定。因此，原审法院认为涉案 BOT 协议系政府特许经营协议，涉案纠纷应通过行政诉讼程序解决，符合法律规定。

2. 将 PPP 项目合同认定为民事合同

（1）在（2015）民一终字第 244 号裁定中，最高人民法院认为，本案中的政府特许经营协议是典型的 BOT 模式特征的协议。虽然政府作为合同一方的当事人出现在本案当中，但是双方在合同签订以及履行的过程中，完全是按照双方自愿的原则进行的，合同的相对人并未受到对方当事人的行政行为的影响。合同的内容主要涵盖了合同双方具体权利义务以及违约责任的相关规定。合同内容包括了具体的权利义务及违约责任，均体现了双方当事人的平等、等价协商一致的合意。本案合同并未仅就行政审批或行政许可事项本身进行约定，合同涉及的相关行政审批和行政许可等其他内容，为合同履行行为之一，属于合同的组成部分，不能决定案涉合同的性质。从本案合同的目的、职责、主体、行为、内容等方面看，合同具有明显的民商事法律关系性质，应当定性为民商事合同。

（2）在（2017）京 02 民特 272 号裁定中，北京市第二中级人民法院审理认为，涉案《特许经营协议》是否属于行政协议，涉案争议是否属于行政争议，应当根据协议的具体内容和当事人的争议事项及仲裁请求进行判断。从涉案《特许经营协议》的内容来看，合同相对人凯发污水处理公司在订立合同及决定合同内容等方面享有充分的意思自治。协议的签订遵循了平等自愿、等价有偿的原则。有关双方的权利义务和违约赔偿等协议约定体现了当事人协商一致的合意，为当事人设定的是民事权利义务，而非行政法上的权利义务。因此，本案《特许经营协议》的性质应属平等主体之间的民商事协议，而非行政协议。并且，根据凯发污水处理公司向仲裁委提出的仲裁申请，并不涉及行政机关的具体行政行为。在本案当中，双方当事人法律地位之间存在平等性，仲裁的方式适用于对争议进行解决。所以，本案中的争议具有可仲裁性，不属于行政争议的范畴。

尽管不同法院对基本相同案件定性明显不一，在争议解决机制的选择上，实践中有三种解决办法。第一种是用"吸收"的办法解决，即主要特征"吸收"次要特征，如果合同内容总体上更接近行政合同，就采用行政诉讼，如果合同内容总体上更接近民事合同，就采用民事诉讼。第二种是"并行"方式，即不看合同内容总体上是更接近行政合同还是更接近民事合同，而是看争议事实和争议行为的法律性质。第三种是用"折中"方式，也就是行政诉讼中涉及民事问题，依然要用民事法律解决合同中涉及的民事问题。如果民事诉讼中涉及行政行为，案件将会中止诉讼，待行政争议解决后，再回到民事诉讼程序。[①]

以上所述的三种思路存在着相关法律逻辑以及合理性，与此同时，在国内外也有相应的立法或者司法案例作为基础。所以在进行选择的过程中，不仅仅要以我们的价值取向为根据，与此同时还要考虑到法律传统性，除此之外，其实用性也是非常重要的考虑因素。第一种思路是目前民法学者以及公法学者之间出现争议的热点，同时，也是目前 PPP 争

---

① 详见北京仲裁委员会丁建勇处长在"PPP法治建设国际研讨会专题研讨会"之"国内PPP项目法律实务问题与立法建议"分论坛上的发言，载《中国政府采购》2016年第3期，第26页。

议解决研究过程中所面临的主要问题，仅仅通过理论的解释，很难对民法学者或者是公法学者其中任何一方进行说服，因此所导致的僵持的局面，将会给未来 PPP 模式的发展以及当事人利益的有效保障产生巨大的阻碍。第三种思路在解决方式上是比较巧妙的，但是如果采用这一思路并且完全照搬法国模式以及行政诉讼法的方式来解决 PPP 争议，在某种意义上就脱离了我国现有国情，除此之外，无论理论上还是实践中，还存在以下现实的问题：

1.PPP 项目合同并不完全等同于特许经营协议

通过行政诉讼法处理特许经营协议纠纷，仅仅是考虑到有效解决争议的目的，然而这并不意味着 PPP 项目合同与特许经营权之间存在完全等同性，并不是所有的 PPP 项目都与行政许可有关。以合作关系为切入点，对特许经营进行分析，政府与企业之间的关系大多是垂直向的。换句话说，项目的建设与运营是政府通过向私企进行授权而进行的，双方存在的关系是管理与被管理关系，而不是合作关系。不过业内的基本共识是 PPP 不仅仅涵盖以上所提的以特许经营为主要表现形式的垂直关系，与此同时还包括了政府与企业之间平等合作的关系，尤其以政府外包私有化等较具有代表性。

2. 行政诉讼本身的局限性

（1）行政诉讼管辖的主导法院一般为行政机关所在地法院，在进行案件审理的过程中，常常会出现保护地方社会资本方的情况。

（2）行政诉讼法仅仅解决了社会资本方起诉行政主体的管辖问题，并没有解决行政主体追究私人投资者违约责任的救济问题。

（3）行政诉讼将商事调解、专家裁决等多元化、成本低、效益高的争议解决手段排除在外。

综上所述，作为私人部门的社会资本方，很难达成其得到充分有效救济的目的；另一方面，也难以对合同双方当事人的平等性进行保障。

3. 不利于保护投资方的合理预期及合法权益

如前述，国家发展和改革委员会、财政部等部门出台的一系列有关PPP合同规制的文件，都对PPP合同的民事属性和仲裁解决争议方式作出了明确规定。在实践中，亦有大量PPP合同已经选择了仲裁方式解决争议。有时在合同谈判时，社会资本方可能会在其他条款中作出适当让步，以促成仲裁条款的达成。选择仲裁方式既符合政府引导的方向，也是双方的真实意思表示。此时一刀切改成行政诉讼，对于社会资本方来讲既无法预期，也是极不公平的。

4. 实践中容易催生大量的阴阳合同

鉴于行政诉讼法对于特许经营协议争议解决方式的规定，促使当事人在实践中寻求签订两份内容基本相同，但名称及争议解决方式不一样的阴阳合同，从而为合同的履行及纠纷处理带来进一步的不确定性。

有学者指出，行政诉讼法的本质在于对民告官无门这一类问题进行有效解决，而不是为PPP争议构建一个比民事诉讼或者仲裁有着更高安全性与可靠性的"避难所"，在现实实践当中依然会出现PPP争端解决方式不确定的问题。为了有效对这一问题进行解决，采取第二种思路将会更为有效，因为这一思路不仅仅将争议的问题暂时搁置，与此同时，这一思路已经在仲裁机构以及法院的实践过程中被广泛采纳，在对当事人意愿进行有效尊重的同时，又符合各方预期。[①]

笔者认为，虽然我国没有像法国有统一的行政法院，能够将行政及民事两类义务的履行和争议解决统一在一个行政合同制度之中。但是，总体上，吸收加并行思维可能更为现实，更为理性。在性质判断时，选择吸收的方式，但在纠纷解决时采用并行的方式，比如将PPP项目合同定性为民事商合同，在争议解决时，根据争议本身内容进行确定，对行政主体具体行政行为不服的，可以提起行政复议或行政诉讼；对行政主体未按合同约定履行的，可以违约提起仲裁或民事诉讼。这样，就较好

---

① 丁建勇：《PPP项目合同的法律性质及争议解决方式探析》，载《人民法治》2018年3月。

地处理了合同性质与争议解决方式之间的关系，简言之，合同本身性质并不必然决定争议解决方式。

二、民事诉讼与商事仲裁

民事诉讼与商事仲裁作为民商事纠纷解决的两大途径，一方面，仲裁机构为民间机构，商事仲裁充分贯彻意思自治原则，甚至当事人可以约定仲裁程序和法律适用，这就决定了仲裁机构不可能拥有法院的强制性权力，所做裁决书也需要申请法院执行，商事仲裁需要法院的支持。另一方面，商事仲裁实行"一裁终局"，理论上讲，错误的裁决也具有法律约束力，法院通过仲裁生效裁决的撤销程序和裁定不予执行，对仲裁机构予以监督。另外，二者在立法上相互借鉴并互为补充，《民事诉讼法》对仲裁程序有部分规定，我国还制订了单独的《仲裁法》，商事仲裁程序较为完备，仲裁程序的制定在某种程度上参考了《民事诉讼法》，仲裁程序没有规定的，可以参考民事诉讼程序规定。

1.民事诉讼与商事仲裁的异同

（1）虽然本质上是两种不同的纠纷解决方式，民事诉讼与商事仲裁之间还是具有很多相同之处。

① 所属程序体系相同。两者都属于民事程序体系。所谓民事程序体系是指所有解决平等主体之间的民商事争议的程序、规则和方法的总称，包括但不限于公证、民间调解、仲裁与民事诉讼等。

② 某些原则和制度相同。仲裁与诉讼都必须在事实清楚、证据充分基础上分清当事人的责任，依法确定当事人之间的权利义务；两者都贯彻独立原则，即审理案件，都必须依法独立进行，不受任何行政机关、社会团体和个人的干涉；同时，两者都确立了含义基本一致的平等原则、辩论原则、处分原则、回避制度、合议制度等。

③ 当事人某些诉权相同。在民事诉讼中，原告有起诉、放弃与变

更诉讼请求的权利，被告有反诉、放弃与变更反诉请求的权利，当事人有提供证据的权利、请求审判人员回避的权利、自行和解的权利以及请求调解的权利等。在仲裁程序中，申请人与被申请人同样也享有上述权利。

④ 解决某些争议案件的性质相同。两者都适用于解决平等主体之间的合同纠纷和其他财产权益纠纷。

⑤ 某些程序性规则相同。就当事人而言，两者对当事人的权利能力、行为能力的标准是一致的。就证据制度而言，两者在举证责任的分担上是一样的（谁主张谁举证）；在证据的审查和判断上，其方法和标准是一致的，就程序制度而言，两者都有保全制度、调解制度和时效制度。

⑥ 所作文书的法律效力相同。商事仲裁裁决与民事诉讼判决调解书均具有确定力和强制执行力，并且二者效力相同，双方当事人都必须全面、自觉履行。如果负有义务的一方当事人拒不履行生效法律文书确定的义务，权利人可以向有管辖权的人民法院申请强制执行。

（2）民事诉讼与商事仲裁属于两种性质不同的纠纷解决方式，二者具有明显的不同。

① 性质不同。民事诉讼完全具有强制性和国家司法性质。人民法院属于国家司法机关，代表国家行使审判权，民事诉讼程序就是人民法院行使审判权对争议是非曲直进行判定的活动，具有明显的代表国家意志的性质。商事仲裁机构具有民间性质，仲裁程序充其量不过是"准司法"程序，对案件的管辖权完全依赖于双方当事人自愿达成的仲裁协议（仲裁条款），没有法定的强制管辖权。

② 受理案件的基础之间存在差异性。以双方当事人为基础的仲裁协议是商事仲裁机构受理案件的根本所在，如果没有共同达成的仲裁协议，即使有一方当事人申请仲裁，仲裁机构也不会受理。人民法院对民事诉讼的管辖权的基础是法律直接规定，即便允许当事人约定管辖，也

不得违反专属管辖和级别管辖。

③ 某些程序规则不同。第一，开庭审理的原则之间的差异性。针对开庭审理的原则的选择，民事诉讼多数为公开审理，当然也存在不公开审理的一些特例。商事仲裁以不公开审理为原则，以公开审理为例外。第二，当事人的范围不同。民事诉讼除了有原告、被告外，还有第三人制度，商事仲裁只有申请人、被申请人，仲裁不存在第三人制度。第三，审判组织的产生方式不同。民事诉讼是简易程序还是普通程序，源于法律的直接规定，当事人没有建议权和选择权；商事仲裁中，当事人不但可以约定仲裁庭的组成形式，而且可以选择组成仲裁庭的仲裁员，只有当事人没有在法定期限内选定仲裁员时，仲裁委员会主任才指定仲裁员继而组成仲裁庭。第四，具体的程序不同。民事诉讼实行两审终审，特定情形下会启动再审程序。商事仲裁实行"一裁终局"，对仲裁裁决不服的，不能提起诉讼，只能向法院申请撤销裁决或者申请不予执行。第五，申请保全的程序不同。民事诉讼中，无论财产保全还是证据保全，当事人均直接向有管辖权的人民法院提出。商事仲裁中，当事人必须先行向仲裁委员会提出，由仲裁委员会提交有管辖权的人民法院保全。

④ 文书作出的依据不同。第一，民事诉讼中，法官必须依据法律法规作出判决，调解必须符合法律规定，否则，裁判没有法律依据。商事仲裁除了依法做出裁决外，还可基于当事人的授权，依据"公平原则""商业惯例"等作出裁决。第二，民事诉讼实行少数服从多数原则，如果达不成意见，不能单纯按照审判长个人意见作出。商事仲裁裁决也由合议庭作出，如果形不成多数意见，则按照首席仲裁员意见做出。[①]

总体而言，相较于民事诉讼，商事仲裁具有以下优势：

第一，充分贯彻意思自治原则。当事人不仅可以自由约定仲裁机

---

① 宋朝武主编：《仲裁法学》，中国政法大学出版社2006年版，第24~27页。

构，还可以约定仲裁程序，极大提升了案件裁决结果的成功率与可预见性。

第二，商事仲裁具有高效、便捷的特点。仲裁实行一裁终局制度，没有民事诉讼繁琐的一审、二审、再审程序，不但较为迅速解决纠纷，而且还能够降低争议解决成本。

第三，商事仲裁具有突出的专业性。仲裁员均是行业领域内具有扎实法学功底、丰富实践经验的专家学者，裁决具有相当的专业水准。

第四，商事仲裁具有公正性的特点。仲裁机构作为民间社会组织，自主裁决案件，不受其他行政机关、社会团体和个人的干涉，仲裁机构之间不存在隶属关系。仲裁员实行严格的回避制度。商事仲裁不受地域限制。如果民事诉讼，比如建设工程施工合同纠纷案件实行专属管辖，不排除政府干预等因素。因此，相比较而言，商事仲裁比民事诉讼通常更能体现公正性。

三、商事仲裁与 PPP 项目合同争端

有观点认为，自 2014 年 11 月 1 日修正的《行政诉讼法》及最高人民法院关于该法的司法解释施行之日起，PPP 项目合同就归法院专属管辖，不再具有可仲裁性。此观点并不具有当然的说服力，具体理由如下：

1. 法院有权受理"特许经营协议"行政诉讼并不排除 PPP 合同的可仲裁性

《行政诉讼法》及其司法解释规定概括起来可以理解为，法院有权受理特许经营协议纠纷。但是，某类争议在法院的管辖范围内并非成为排除仲裁对该类争议管辖权的法定事由。法院有权审理买卖合同纠纷，从来没有听到任何法律人说仲裁庭因此无权审理买卖合同纠纷。仲裁本来就是替代（诉讼）争议解决方式。何况即使立法规定属于法院专

属管辖范围内的纠纷，有些仲裁也可以审理，比如"三资企业"合同的纠纷。

2. 某类合同被定性为"行政协议"并不排除该类合同的可仲裁性

认为PPP合同从2015年5月1日后不具有可仲裁性的主张，或许更多的是因为该类合同具有一定的行政属性。然而，判断某类争议是否具有可仲裁性，其法律依据是《仲裁法》，不是《民事诉讼法》或《行政诉讼法》。

仲裁受理纠纷范围的法律依据是《仲裁法》第三条。该条规定婚姻、收养、监护、扶养、继承纠纷、依法应当由行政机关处理的行政争议不能申请仲裁。

首先，立法规定不能仲裁的是某类"行政争议"，没有规定"行政协议"不可以仲裁。其次，立法规定"依法应当由行政机关处理的"行政争议不可仲裁。PPP项目合同争议是否属于"依法应当由行政机关处理的"行政争议？《行政诉讼法》没有规定（也不会在该法中规定）。《行政诉讼法》第十二条第十一项仅仅是对人民法院行政诉讼的受案范围作出的相关规定，并没有排除其他争议解决方式，仲裁本身就是诉讼的替代方式。有学者提出，行政诉讼法及其司法解释修改的目的是为了扩大行政诉讼这一受案渠道，更好地解决争议，绝非为了限制争议解决的途径。即无论PPP争议是否可以通过行政诉讼途径解决，都不意味着排除原有的民事诉讼或仲裁的解决途径。从争议解决的角度，对于PPP这样复杂的交易模式，首先不存在解决方式上"非此即彼"的问题；其次，从争议解决的制度框架设计分析，行政诉讼模式因其原被告地位、权限和救济方式都是受限于法律的明确规定，对于PPP纠纷的救济能力是非常有限的；尤其在社会资本方有违约的情况下反而不利于政府方的权利保护，如政府方不能在行政诉讼中提出反请求，也不能要求损害赔偿等。① 所以，认为 PPP 合同争议只能由法院审理的观点与《仲裁法》的立法规定并不一致。

3. 中国仲裁机构已经裁决过大量有关特许经营协议的争议

从改革开放以来，包括 1995 年 9 月 1 日《仲裁法》施行之前，中国的仲裁机构审理和裁决了相当多的特许经营协议纠纷，包括外国企业参与的和中国企业参与的特许经营协议纠纷。我们现在改变这种实践并无充分的理由。

4. 中国同意 ICSID 仲裁关于政府征收补偿的争议

如果列举哪种争议涉及政府为公共利益单方面做出行政决定，征收及其补偿算得上典型之一。征收及其补偿是纯粹的行政决定。政府通过法令征收他人的财产，并且自己决定补偿数额。中国在加入《华盛顿公约》的时候，明确同意将此类纠纷提交 ICSID（国际投资争端解决中心）仲裁解决。既然中国政府在国际上都承担义务，同意对这样的行政决定争议进行仲裁并执行其裁决，为什么在中国国内对有关 PPP 合同的纠纷不可以通过仲裁解决呢？何况 PPP 合同纠纷说到底是合同纠纷，政府行为的适当性也要根据合同约定加以判定。

5.《纽约公约》与"一带一路"

"一带一路"是中国新时代的国策，将涉及中国企业在沿线国家承建的众多基础设施项目。这些项目差不多都是当地政府特许的，项目合同基本上都涉及特许经营协议，执行这些协议免不了出现纠纷。从中国企业的角度出发，选择当地法院或当地行政程序来解决这些项目合同争议，想来是下策。中国企业中一定有许多考虑选择仲裁，因为《华盛顿公约》和《纽约公约》为裁决的执行提供法律保障。实际上，PPP 项目合同争议解决机制机构是否合理，不仅仅是国内立法问题，而且长远的影响我国在国际争端解决中的话语权与影响力。

---

① 毛晓飞：《PPP项目合同争议提交仲裁没有法律障碍》，载《法制日报》2018年4月9日。

ICSID 仲裁裁决的执行由于有独特的体制，将不成为问题，《纽约公约》则不然。该公约第 5 条第 2 款规定，拒绝执行裁决的理由之一是有关的争议不具有可仲裁性，可仲裁性的标准是执行地国家的标准。

纵观全球 PPP 项目，采用仲裁的方式对相关争议予以解决可谓是国际上约定俗成的。以英国以及我国香港地区为例，政府和社会资本方被作为平等民事主体、PPP 项目合同争端被作为普通商业争端，可以诉诸仲裁。我国未来 PPP 立法，应该明确 PPP 项目合同争端的可仲裁性。

如果中国的法律或司法实践是特许经营协议（PPP 合同）不可仲裁，意味着中外仲裁机构裁决的"一带一路"上的特许经营协议在中国无法得到执行，意味着中国企业要求在这些特许经营协议中写入仲裁条款的要求难以得到当地政府的同意（理由是赢了官司在中国也执行不了），意味着中国正在筹备设立的多元化争议解决机制中的仲裁机制对于受理"一带一路"上众多的特许经营协议纠纷的设想和希望基本落空。在这种情况下，把国家利益放在部门利益之上是应然之举。[①]

因此，商事仲裁解决方式当然适用于 PPP 项目合同争端，至多可以解释为《行政诉讼法》拓宽了政府特许经营协议社会资本方与政府方纠纷发生后的权利救济渠道，而不能当然解释为由此产生的所有纠纷都必须走行政诉讼途径，更不能得出 PPP 项目合同纠纷排除商事仲裁的可能性。

四、社会资本方退出 PPP 项目合同的几个问题

目前，总体看来，学术界关于 PPP 模式退出机制研究不足，原因大概有二：第一，PPP 模式正值兴起阶段，实践中关于退出的案例相对较少，尚未引起学界的足够重视；第二，正是因为 PPP 项目退出实践较

[①] 卢松：《PPP项目合同的可仲裁性问题》，载《法制日报》2018年5月7日。

少，学者们也可能无法单纯主观臆断出可能存在的问题及完善建议。①

目前，PPP 项目资金只有入口没有出口，没有交易平台，退出机制匮乏，完善的退出机制有助于消除投资忧虑，提高社会资本的积极性。②因为在 PPP 项目中，政府是作为行政主体出现在这一合同关系之中，整个项目同时又与公共服务存在关系，如果出现项目受阻或者中断，其所造成的损失是地方政府难以承担的，从某种意义上来说，在这一种博弈关系之中，政府往往处于劣势，完善的退出机制将对遏制失信行为起到巨大的推动，有助于地方政府重新选择合适的合作伙伴。③

PPP 项目合同中退出机制分为正常退出和非正常退出。本书研究的是非正常退出，也就是因为社会资本方或者政府方违法或者违约，暂停或者终止 PPP 项目引起的退出。此种情形下退出，可能系社会资本方单方违约，比如擅自转让、出租特许经营权，发生重大质量安全生产事故、擅自停业、擅自歇业等，可能系政府方违约，比如收回特许经营权、强行接管，违反唯一性建设条款，建设其他可替代性项目，降低社会资本的收益率等，也有可能政府与社会资本方双方违法违约等。

因 PPP 项目合同涉及不特定多数人的利益，社会资本方的退出原则上受到两个方面的限制：第一，公共利益的限制。社会资本方的退出原则上不得危及社会公共利益。美国法院曾经判决，如果一家铁路公司负有维护和运营某条铁路的法定义务或者约定义务，它将会被禁令或者训令强迫这么做，即便继续经营会亏损。④ 第二，契约严守原则的限制。PPP 项目的服务具有不间断性、公共性等特点，对于社会资本来讲，在

———————

① 万俊云：《PPP模式中的退出机制理论研究综述》，载顾功耘主编：《公私合作（PPP）的法律调整与制度保障》，北京大学出版社2016年版，第346页。

② 王凯蕾、任鹏飞：《民资投身PPP尚存三大担忧》，载《中华工商时报》2015年5月20日，第1版。

③ 孙学工、刘艳国等：《我国PPP模式发展的现状、问题与对策》，载《宏观经济管理》2015年第2期，第29页。

④ 转引自高俊杰：《论民营化后公用事业规制的公益目标》，载《现代法学》2014年第2期，第95页。

核心公共服务没有实现有效提供时，不能违背契约退出生产。[①]

我国需要建立完善的 PPP 项目合同中社会资本方的退出机制。该套机制包括：第一，完善的退出平台。建立 PPP 项目产权交易市场和股权转让系统，为社会资本方提供便利的产权和股权流转服务，使社会资本通过股份转让收回投资。第二，建立和完善临时接管制度。我国当下临时接管本身蕴含着巨大的风险，稍有不慎就会使公益和私益处于"两败俱伤"的境地。[②] 第三，建立合理的补偿机制。违约方不仅要赔偿守约方的信赖利益损失，还要赔偿期待利益损失。第四，建立完善的评估机制。第五，实施退出监管。该监管是全过程的监管、全方位的监管。

PPP 项目合同违约分为社会资本方（项目公司）违约、政府方违约、因不可抗力引发的违约。基于不同事由导致的 PPP 项目合同的终止，在终止后的处理上有所不同，需要分门别类分析。一般来讲，因违约导致 PPP 项目合同终止，会涉及回购义务和回购补偿两个方面。

1. 回购义务

回购行为的出现，一般都是由社会资本方，也就是项目承建公司出现违约行为导致项目难以有效开展的情况之下，政府能够通过回购选择权的行使来进行回购，当然，回购的实施完全基于政府意愿，对于政府方违约、因不可抗力引发的违约，政府无条件负有回购义务。

2. 回购补偿

（1）由于政府方违约及政府方做出终止选择的项目，针对以下几种情况进行补偿范围：

①项目公司的所有贷款尚未还清（主要以剩余贷款本金和利息、提前还贷的违约金、逾期偿还的利息及罚息等为主）；

②项目终止之前，项目公司股东已经完成投资的资金总和（必要时

---

①　吴卓瑾、乔宝云：《构建合理的PPP管理框架推进财政和国家治理现代化》，载《中国财政》2014年第15期，第47页。

②　章志远、李明超：《公用事业特许经营中的临时接管制度研究——从"首例政府临时接管特许经营权案"切入》，载《行政法研究》2010年第1期，第18页。

需要进行审计）；

③由于项目提前终止而产生的第三方费用或其他费用（主要以雇员的补偿金以及支付承包商的违约金等为主）；

④项目公司的利润损失（针对这一损失，一般会在合同之中针对其利润分配的标准及补偿比例作出规定）。

（2）项目公司违约事件。以下为几种常用的回购补偿计算方式：

①市场价值方法，采用这一方式计算需以项目终止时合同的市场价值为基础；

②账面价值方法，采用这一方式计算需以项目资产的账面价值为基础。

（3）不可抗力。常规情况下将采用共同分担的方式来进行资金补偿。

①补偿范围通常以在此之前项目公司股东的投入、欠付承包商的款项以及未偿还融资方的贷款为基础。

②补偿一般会扣除保险理赔金额，且不包括逾期利润损失。[①]

第四节　推进 PPP 统一立法

目前，我国不存在统一的 PPP 立法，有关 PPP 项目的规范文件停留在部委规章层面，规范文件层级低，为了规范 PPP 行业发展，确保 PPP 项目各方利益的实现，有必要实行 PPP 的统一立法，对 PPP 项目合同争端解决解决路径。目前相关规定散见于《政府采购法》《招标投标法》等法律和部门规章中，尚未构成较为完善的法律体系，并且各自之间尚且

---

① 金诺律师事务所：《政府和社会资本合作（PPP）全流程指引》，法律出版社2015年版，第212~213页。

存在一定矛盾，从而影响了其合作的积极性。[①] 作为未来统筹各方关系工具的 PPP 的立法，要明确各种不同 PPP 模式的法律要求，解决 PPP 项目的适用范围、政府审批权限、流程和管理程序、企业的核心权利与义务、合同框架和风险分担原则、退出机制和纠纷解决机制、财政规制和会计准则、政府监管和公众参与制度等。[②]

一、基本立法过程

2014 年 5 月，发展与改革委员会首次发布了《基础设施和公用事业特许经营法（征求意见稿）》，并公开征求意见，也是在这一年，我国掀起了推进 PPP 发展的浪潮，因此这部法律被认为是 PPP 领域最重要的法律，在学界甚至被称为 PPP 立法。不过，各方对 PPP 的定义、适用范围、机构设置等方面仍存在很多争议，立法进展并不顺利。在此背景下，作为支持 PPP 立法的硬性条件，发展与改革委员会先行出台了 PPP 管理办法，以此为 PPP 立法积累经验。

2015 年 4 月 21 日，充分考虑到目前民间投资的有效推广、促进经济增长稳步发展的相关任务紧迫，秉承急用先行的行事原则，发展与改革委员会会同财政部等部门联合起草并颁布了《基础设施和公用事业特许经营管理办法》，并于 6 月 1 日起施行。[③]

2016 年 1 月，财政部主导出台了《中华人民共和国政府和社会资本合作法（征求意见稿）》。

2016 年 7 月 7 日，国务院常务会议明确由国务院法制办（现已合并

---

① 段绪柱：《公私合作制中的政府角色冲突及其消解》，载《行政论坛》2012年第4期，第44页。

② 孙学工、刘艳国等：《我国PPP模式发展的现状、问题与对策》，载《宏观经济管理》2015年第2期，第29~30页。

③ 杜丽娟：《PPP立法重启 特许经营法年内有望出台》，载《中国经营报》2015 年9月14日，第 A02 版。

司法部）负责牵头，统筹国家发展和改革委员会、财政部共同推进 PPP 立法。会议指出，国务院法制办一定要超越部门利益，在起草相关法律法规条例过程中，既要充分听取吸收相关部门的意见和建议，更要站在"法治"的高度，超越于部门利益之上。①

2017 年 7 月 21 日，国务院法制办发布《基础设施和公共服务领域政府和社会资本合作条例（征求意见稿）》，公开征求意见。意见稿明确，国家保障各种所有制形式的社会资本方依法平等参与政府和社会资本合作项目。国务院法制办在征求意见稿的说明中指出，近年来，我国基础设施和公共服务领域政府和社会资本合作模式快速推进，成效明显，但实践中推进政府和社会资本合作模式也存在诸如合作项目决策不够严谨、实施不够规范、民营资本总体参与度不高等问题，有必要制定专门的行政法规，规范基础设施和公共服务领域政府和社会资本合作，保障公共利益和社会资本方的合法权益。为了加强规范引导，避免政府和社会资本合作模式泛化，意见稿明确规定了可以采用政府和社会资本合作模式的基础设施和公共服务项目的条件，包括政府负有提供责任、需求长期稳定、适宜由社会资本方承担等，并规定国务院有关部门制定可以采用政府和社会资本合作模式的项目指导目录，并适时调整。

在合作项目实施方面，征求意见稿提出，规范社会资本方的选择，规定政府实施机构应当通过招标、竞争性谈判等竞争性方式选择社会资本方，并将选定的社会资本方向社会公示。同时，规范项目合作协议，规定政府实施机构与其选定的社会资本方或者项目公司应当签订合作项目协议，并明确规定了合作项目协议应当载明的事项。

征求意见稿第五章规定，因合作项目协议履行发生争议的，协议双方应当协商解决；协商达成一致的，应当签订补充协议。因合作项目协议中的专业技术问题发生争议的，协议双方可以共同聘请有关专家或

---

① 《李克强：站在法治高度，超越部门利益》，载于中国政府网http://www.gov.cn/xinwen/2016-07/08/content_5089655.htm，最后访问时间：2018年7月5日。

者专业技术机构提出专业意见。因合作项目协议履行发生的争议，可以依法申请仲裁或者向人民法院提起诉讼。对政府有关部门作出的与合作项目的实施和监督管理有关的具体行政行为，社会资本方认为侵犯其合法权益的，有陈述、申辩的权利，并可以依法提起行政复议或者行政诉讼。合作项目争议解决期间，协议双方应当继续履行合作项目协议约定的义务，不得擅自中断公共服务的提供。

由此可见，此《合作条例》的起草过程实质上是对基础设施和公共服务领域中政府和社会资本双方合作过程之中出现的主要问题进行了界定，并就争端解决方式分门别类予以明确，规定了行政救济方式和民事救济方式，同时，搭建了民事诉讼、商事仲裁并存的民事争端解决架构。由于法律框架的缺失，导致了一些极端情况的出现。例如政府为了一己私利而对一些较为老实的民营企业进行欺压，或者针对那些蛮横违法的民营企业反而束手无策。[①] 目前，有关公共服务项目的政策大多为部门指导意见，权威性及力度不足，对合同的信赖往往并非基于对合同本身的法律效力，而是基于对项目所在地主要领导的信任，领导的去留很大程度上决定项目的成功失败。目前来看，我国公私合作合同法制仍很不完备，在公私合作合同相对人的选择、合同内容的拟定、合同的履行和监督等方面均缺乏规范，导致良性竞争难以形成，对消费者权益保障不周，国家的担保责任未能落实。[②]

笔者认为，国务院行政法规层面的规范性文件层级还是不够，可以预期，中国最终会走上严格意义上的全国人大或者全国人大常委会 PPP 立法之路，制定统一的《政府和社会资本合作法》作为政府与民间资本二者的平衡器。结合国外立法情况和我国 PPP 总体发展趋势，建立"专门立法为主、单项立法为辅"的法律法规体系是大势所趋、民心所向。

---

① 黄日灿：《"公私合作与法律治理"研讨会会议综述》，载《月旦法学杂志》2014年第1期。

② 李霞：《公私合作合同：法律性质与权责配置——以基础设施与公用事业领域为核心》，载《华东政法大学学报》2015年第3期，第146页。

制定一部具有统领性兼具可操作性的《公用事业法》或者《公共服务法》，规范公共服务公私合作供给，从而使公共部门和私营部门在合作上有明确的法律依据。[①] 笔者建议该法在性质上将 PPP 项目合同界定为具有一定行政因素的民商事合同，在争端解决方面建立包括但不限于自行协商、专家裁决、民事诉讼、商事仲裁、行政复议、行政诉讼的多元争端解决机制，同时对专家裁决相关程序性问题进一步细化。如果制定的《政府和社会资本合作法》对上述问题予以明确，《行政诉讼法》第十二条第十一项、《最高人民法院关于适用〈中华人民共和国行政诉讼法〉的解释》第六十八条，理解为仅是拓宽了社会资本方权利救济的途径，并非所有因 PPP 项目合同引起的诉讼必须通过行政诉讼途径解决，就是顺理成章的事了，也就可以避免理论上的困惑以及法律适用上的混乱。

同时，为强化 PPP 项目合同法律地位，彰显其在国家社会生活中的作用，应将 PPP 项目合同在《合同法》中规定为有名合同。

二、立法应当坚持的原则

1. 坚持权力和权利的平等合作原则

政府与社会资本合作，顾名思义，必须强调合作与服务，淡化管理与命令。坚持权力与权利的合作，既是政府转变职能的必然要求，也符合 PPP 模式的内在机理。契约精神是平等、自由、守信的精神，当前，PPP 项目合同还存在一定程度上的落地难，重要原因在于社会资本对政府方缺乏契约精神的担忧。[②] 这需要社会资本方对政府法治理念和契约精神加强信心。信任、公开和公平是 PPP 项目成功的基础和关键。建议

---

① 薛彬彬：《PPP模式中的公私权益协调理论研究综述》，载顾功耘主编：《公私合作（PPP）的法律调整与制度保障》，北京大学出版社2016年版，第326页。

② 付淞巍：《化解PPP项目落地难 关键在政府要诚信合作》，载《辽宁日报》2016年12月16日，第2版。

政府增强契约精神，培育契约意识，只有政府以身作则践行契约精神，我国的 PPP 事业才能真正发展起来，继而促进国家和社会的发展。[①]

在市场化程度越高的地方，社会资本参与 PPP 项目的积极性、参与度就越高，PPP 项目的运作成果也就越为理想，公共利益的实现也就越有保障。因此，PPP 立法必须高度强调权力和权利的合作原则，强调政府的契约意识。PPP 契约机制并不仅仅限于正式生效的文本或者补充文本，而且还涵盖了项目谈判、签约到终止、转移或清算各个环节，贯穿于 PPP 项目全流程。此处的合作，是指平等意义上的合作。通过平等协商，公平地确定政府和社会资本方的权利义务，双方都能够严守契约。

资本都是逐利的，一般意义上讲，除了社会资本方因资金链断裂、政府方不按时调整价格出现违约外，社会资本方少有主动违约的情形发生。

2. 坚持争端解决方式的多元化原则

争端解决机制是法律框架中的最后一环，也是政府与私人部门双方对于纠纷处理和权利救济的保障。有学者认为，在 PPP 框架之中有关纠纷解决，公共部门发挥着重要作用，务必构建完善的协调机制，这其中就包括投诉接收机制、处理机制以及反馈机制等，并且明确可通过诉讼或仲裁程序解决。[②]

正如本书第二章、第三章所言，PPP 项目合同是具有一定行政因素的民商事合同，PPP 项目合同的性质并不必然决定争端的性质。《行政诉讼法》第十二条第十一项仅是拓宽了社会资本方权利救济的途径，并非所有因 PPP 项目合同引起的诉讼必须通过行政诉讼途径解决。赋予社会资本方自由选择权也有利于对弱势一方权益的倾斜和保护，防止行政滥权。PPP 项目合同的一方是政府或者政府代表，并且 PPP 项目在地方

---

① 新浪网：《北京律师担纲 2016 首届博士（后）PPP 模式构建论坛》，载 http：//finance.sina.com.cn/sf/news/2016-06-28/160635161.html，最后访问时间：2018 年 6 月 8 日。

② 陈晓：《论我国 PPP 公私合营模式的法律框架》，2010 年中国政法大学法学专业硕士学位论文，第 29 页。

政府所在地运行，如果过于限制争议解决方式，可能会引发地方保护主义，打击社会资本的积极性，侵害当事人的合法权益，为 PPP 项目的顺利推进设置不必要的障碍。[①]

除了行政诉讼，PPP 项目合同还有民事诉讼、商事仲裁、当事人自行和解、第三人调解、专家裁决等制度。协议是当事人之间的法律，当事人依据合同约定进行商事仲裁，法律上就应该予以支持。我国历来有商事仲裁解决 PPP 争端的传统，应该继续坚持。我国加入 WTO 协议多年，并正在推进"一带一路"倡议，这些都要求我们必须以宽广的胸怀，以更加平等的理念，通过多种有效途径，妥善解决政府方和社会资本方之间的争端。

3. 坚持争端解决的专业性和高效性原则

公平、正义和效率是法律的最高价值。PPP 项目合同涉及大型基础建设和公共服务设施，标的额达到几亿元、几十亿元乃至百亿元之巨，建设周期长、法律关系复杂、专业性高。一旦出现纠纷，必须由专业人士参与处理，其结果才能更为当事人所理解和接受。当然，这些专业人士必须是客观公正的。另外，恰如西方谚语"迟来的正义不是正义"，PPP 项目合同涉及不特定人的公共利益，纠纷必须得以尽可能快的解决，否则，势必影响到项目的投入或者运营，继而危及社会公共利益。

第五节　确立惩罚性违约损害赔偿制度

惩罚性赔偿（punitive damages），也称为警示性赔偿（exemplary damages）、报复性赔偿（vindictive damages），是指当被告以恶意、故意、

[①] 吴钰：《PPP项目合同争议解决机制研究》，2017年武汉大学法学专业硕士学位论文，第41页。

欺诈或放任之方式实施行为而致原告受损时，原告可以获得的除实际损害外的损害赔偿金。[①] 一般认为，惩罚性赔偿是指由法庭所作出的赔偿数额超出了实际的损害数额的赔偿。[②] 该制度主要是美国法采用的制度，是美国固有的制度，并且已对其他英美法系国家甚至大陆法系国家产生了很大影响。[③] 同时，有关资料显示，惩罚性赔偿在美国合同案件中的适用占了法院判决的惩罚性赔偿案件的很大比例。依美国传统契约理论，合同法的目的在于执行当事人的协议或者许诺，违约责任只具有补偿性，不具有惩罚性。在违约救济的成立要件上，当事人的主观方面并不起多大作用。不论是出于恶劣的动机还是纯洁的动机而违反契约，二者都毫无二致。[④]

谈及惩罚性赔偿，不得不提及精神损害赔偿。惩罚性赔偿与前文所谈到的精神损害是什么关系？赔偿了当事人的精神损害，是否不再支持惩罚性赔偿？如何保证惩罚性赔偿制度发挥其功能？

一、惩罚性赔偿与精神损害赔偿

有学者认为，精神损害赔偿制度可以替代惩罚性赔偿，没有必要另外设立惩罚性赔偿制度。[⑤] 也有学者认为，精神损害赔偿是与财产损害赔偿并列的一项制度，精神损害是一种无形的损害，主要表现为受害人精神痛苦或者精神利益的丧失或减少。精神损害（damages for mental

---

① 薛波主编：《元照英美词典》，法律出版社2003年版，第1120页。

② 王利明：《违约责任论》，中国政法大学出版社2003年版，第568页。

③ Emet C. Stiefel, U. S. Punitive Damages Awards in Germany, 39 The American Journal of comparative Law, 1981, p.784.

④ 郑言、杨秋霞：《美国合同领域惩罚性赔偿研究》，载《烟台大学学报（哲学社会科学版）》2012年第7期，第18页；［美］格兰特·吉尔莫：《契约的死亡》，曹士兵、姚建忠、吴薇译，载梁慧星主编：《民商法论丛》（第3卷），法律出版社1995年版，第245页。

⑤ 张新宝、李倩：《惩罚性赔偿制度的立法选择》，载《清华法学》2009年第4期，第15页。

distress）指精神利益的损害，又称之为非财产利益的损害，以精神痛苦为主要表现形式，主要变现为忧虑、绝望、怨愤、失意、悲伤、缺乏生趣。[①] 对于我国而言，惩罚性赔偿与精神损害赔偿都是对外制度借鉴的产物，而这两项制度在国外的发展过程并不相同。惩罚性赔偿制度发端于英美法系的美国，精神损害赔偿发端于大陆法系国家。

在大陆法系国家，原则上并不承认惩罚性赔偿制度，只是承认精神损害赔偿制度，因此，精神损害赔偿制度在适用中并无困难可言。我国同时借鉴、规定了这两种制度，并且惩罚性赔偿制度还有扩大适用趋势。换言之，惩罚性赔偿制度与精神损害赔偿制度是相互并列的制度，二者并驾齐驱，既具有相同之处，也有明显不同，并不存在孰优孰劣或者包含与被包含关系。

（一）二者相同之处

1. 二者都具有抚慰性。由于精神损害抚慰金的支付，使得受害人的精神痛苦得到一定程度的缓解，受害人的心理得到一定程度的满足。惩罚性赔偿主要目的不在于抚慰受害人，但是惩罚性赔偿金的给付客观上也会使得当事人的心理得到一定宽慰。

2. 二者都具有惩罚性。惩罚性功能相对于补偿性功能而存在。惩罚性赔偿的惩罚性通过在补偿性赔偿之外对加害人课以一笔金钱负担而得以实现，惩罚性赔偿制度的功能如同其名，基本功能就是惩罚。精神损害赔偿制度的惩罚性并非其主要功能，对受害者的精神抚慰是其主要功能，其惩罚性表现在为了减少痛苦，避免痛苦，就必须让被告和其他不负责任的人知道在法律上的痛苦的真正价值。[②]

3. 两者的适用对象具有相似性。二者均以自然人为受害人主体。法

---

① 王泽鉴：《民法学说与判例研究》（第二册），中国政法大学出版社1998年版，第256页。

② 刘星：《西窗法雨——西方法律文化漫笔》，花城出版社1998年版，第199页。

律并不承认法人或者其他组织作为精神损害赔偿的对象。根据《食品安全法》第一条"为保证食品安全，保障公众身体健康和生命安全，制定本法"的规定，该法赔偿对象是社会公众（消费者），而根据《消费者权益保护法》第二条规定只能以自然人为消费者。《侵权责任法》中的产品责任适用条件是对生命权、健康权的侵犯，这两项权利为自然人所独有。

（二）二者不同之处

1. 适用前提不同。惩罚性赔偿适用前提是财产损害，更加关注加害方的主观恶意，一定以受到实际财产损失为索赔前提，惩罚性赔偿对后果并没有明确要求，惩罚性赔偿的数额通常以实际损失的赔偿为参考基数。精神损害赔偿适用前提是精神伤害的客观存在，并不要求财产损失的存在，但是一定要求以精神受到严重伤害为适用前提。

2. 主观要件不同。惩罚性赔偿对于加害人主观恶性的要求程度较高，主观要件通常要求必须是故意或者重大过失，主要是针对那些主观恶意较大，在道德上的应受谴责性的行为，并不适用于一般的过失行为，惩罚性赔偿的主要功能是惩罚行为人，针对主观上的过失的惩罚并无意义，惩罚性赔偿的适用主要是加害方的主观恶意。在精神损害赔偿方面，故意的心理状态可以导致精神损害赔偿，一般的过失也可以构成精神损害赔偿，如果是特殊侵权责任，对主观上是否有过错并不做刻意要求，精神损害赔偿的主观要件比较宽松。[1]

3. 适用范围不同。目前，精神损害赔偿主要发生在侵权领域（本报告主张违约也应引入有限制性的精神损害赔偿制度），多涉及人身损害赔偿。[2]

---

[1]　陈年冰：《我国惩罚性赔偿制度研究》，2013年山东大学法学专业博士学位论文，第96页。

[2]　参见最高人民法院《关于确定民事侵权精神损害赔偿责任若干问题的解释》第一条至第四条、《侵权责任法》第二十二条。

《民法总则》第一百七十九条列举了 11 种民事责任的承担方式，同时规定"法律规定惩罚性赔偿的，依照其规定"。依据目前法律规定，惩罚性赔偿不仅适用于侵权领域，也适用于合同领域，我国的惩罚性赔偿主要是在消费者保护领域和产品责任领域。美国近年来的惩罚性主要适用于侵权领域、违约领域、反垄断案件、消费者权益保护案件等。美国司法部的研究表明，惩罚性赔偿主要适用于合同案件。在 80 年代几乎 1/3 的适用惩罚性赔偿的案件是商业合同案件。[①] 美国适用惩罚性赔偿的案件主要包括独立侵权案件、"特殊关系"合同中的恶意违约行为、特殊合同（婚约合同）等。[②]

4. 赔偿对象不同。精神损害赔偿的对象只是自然人，包括受害者本人及其特殊情形下的受害人家属。惩罚性赔偿则针对受害人本人进行赔偿，并不涉及他人。

5. 制度目的不同。精神损害赔偿主要在于弥补受害人人格利益或者身份利益的损失以及精神上的痛苦，精神损害可以由故意行为所致也可以由过失行为所致。惩罚性赔偿以惩罚加害行为为目的，主要是制裁、惩罚过错行为（主要是故意或者重大过失），惩罚力度主要取决于加害人的主观过错程度和主观恶意情况。精神损害赔偿是对个体正义的追求，惩罚性赔偿体现的是对社会秩序的捍卫。

6. 数额确定依据不同。精神损害赔偿数额的确定主要是基于法官的自由裁量权，并且法官拥有较大的自由裁量权。有学者认为，在精神损害赔偿问题上，法官充当了立法者和司法者及事实裁定人的三重角色。[③] 精神损失赔偿的数额因受害人受损害的具体情况而定，最高人民法院《关于确定民事侵权精神损害赔偿责任若干问题的解释》第十条规定，精神损害的赔偿数额根据以下因素确定：（1）侵权人的过错程度，法律

---

① 王利明：《违约责任论》，中国政法大学出版社2003年版，第583页。

② 郑岩、杨秋霞：《美国合同领域惩罚性赔偿研究》，载《烟台大学学报（哲学社会科学版）》2012年第3期，第20页~21页。

③ 李仁玉：《比较侵权法》，北京大学出版社1996年版，第345页。

另有规定的除外；（2）侵害的手段、场合、行为方式等具体情节；（3）侵权行为所造成的后果；（4）侵权人的获利情况；（5）侵权人承担责任的经济能力；（6）受诉法院所在地平均生活水平。惩罚性赔偿数额的确定则相对客观、有据可依，并且多有法律法规依据，通常要以受害人受到的财产损失为基数进行衡量，法官自由裁量权较小。

本书认为，惩罚性赔偿制度与精神损害赔偿制度都是民事责任手段，虽然有相同之处，但不同之处却是主要的，是两个不同的制度，从不同角度对民事权利进行救济，不能相互替代，都是我国民事责任制度的重要组成部分，二者在必要时可以一并适用，因此，惩罚性赔偿制度具有制度上的独立性。

二、惩罚性赔偿在合同责任中的限制运用

有学者认为，在美国适用惩罚性赔偿的违约具有违约主体的强势性、违约行为道德上的可谴责性、违约危害后果的开放性等特点。[1] 实事求是来讲，补偿性损害赔偿有利于违约方不利于守约方，因为，充其量对于违约人来讲，只是将守约方的利益恢复到合同正常履行后的状态，这本是签订合同的题中应有之意，违约人并没有受到履行利益之外的合同不利益。美国以补偿性为特征的传统合同责任是在自由资本主义发展时期为了鼓励自由竞争、推动和保护自由资本主义的发展而确立的。[2] 该种责任过于注重对合同自由的维护，从而疏忽了对公平、正义的维护，加之民事诉讼法实行"谁主张、谁举证"的原则，受害人囿于举证能力的限制，往往不能获得理论上的"全部赔偿"，从而成为名副其实的"受害人"。但是，"诺言必须遵守"既是诚实信用原则在商业上

---

① 郑岩、杨秋霞：《美国合同领域惩罚性赔偿研究》，载《烟台大学学报（哲学社会科学版）》2012年第3期，第21页~22页。

② 郑岩、杨秋霞：《美国合同领域惩罚性赔偿研究》，载《烟台大学学报（哲学社会科学版）》2012年第3期，第22页。

的体现，也是法律的追求效果。对于恶意违约或者欺诈行为仍然仅仅适用补偿性赔偿，使其仅承担恢复到合同正常履行之状态，则是明显的非正义。纵然，对于那些为了攫取不当利益的骗子和漠视合同相对方正当利益的恶意违约者来说，补偿性赔偿对于他们来讲根本起不到惩罚和遏制作用，[①] 反而沦为了一种变形的"奖励"，只会促使他们变本加厉，进行下一次的恶意违约或者欺诈。

惩罚性违约损害赔偿在 20 世纪初引入到美国合同法领域，这正是基于对传统的补偿性损害赔偿制度内在缺陷和不足深刻反思的结果。我国目前社会发展状况和 20 世纪初的美国具有相当程度的形似之处。我国经济体制改革不断推进，社会经济得以长足发展，而政治体制改革、司法改革相对滞后，信用缺失是整个社会普遍现象，人与人之间信任度较低，假冒伪劣产品充斥市场，恶意违约现象屡见不鲜。

我国早在 1993 年《消费者权益保护法》第四十九条"双倍赔偿"中将惩罚性赔偿引入消费领域。《合同法》第一百一十三条第二款则在合同法领域针对经营欺诈有限度地明确承认了惩罚性损害赔偿制度。2013 年 10 月 25 日修正的《消费者权益保护法》第五十五条规定："经营者提供商品或者服务有欺诈行为的，应当按照消费者的要求增加赔偿其受到的损失，增加赔偿的金额为消费者购买商品的价款或者接受服务的费用的 3 倍；增加赔偿的金额不足 500 元的，为 500 元。法律另有规定的，依照其规定"，继续规定了惩罚性赔偿制度。《侵权责任法》第四十七条规定："明知产品存在缺陷仍然生产、销售，造成他人死亡或者健康严重损害的，被侵权人有权请求相应的惩罚性赔偿"，这是我国民事立法当中第一次明确使用"惩罚性赔偿"术语。2009 年《食品安全法》第九十六条则规定了食品生产者或者食品销售者"十倍赔偿"的惩罚性赔偿责任，即"生产不符合食品安全标准的食品或者销售明知是不

---

① 郑岩、杨秋霞：《美国合同领域惩罚性赔偿研究》，载《烟台大学学报（哲学社会科学版）》，2012年第3期，第22页。

符合食品安全标准的食品，消费者除要求赔偿损失外，还可以向生产者或者销售者要求支付价款十倍的赔偿金"。

尽管惩罚性赔偿制度在我国确立已经 20 余年，《合同法》实施了近 20 年，客观地讲，该制度尚没有真正发挥应有作用，其并非制度本身使然，而是在于过于谨慎的制度设计和司法适用。第一，适用范围狭窄，欺诈与恶意违约并非仅仅发生在消费领域，只是消费事关社会每一成员，更容易得到人们的关注，特别是在新闻媒体（含 315 晚会）宣传报道下，消费欺诈、恶意违约更容易触动老百姓的神经，更容易群情激奋。第二，目前的"倍数赔偿"并非真正意义上的惩罚性赔偿，笔者认为，简单的倍数赔偿并非真正意义上的惩罚性赔偿。惩罚性赔偿制度的重要特点在于以物质激励的方式鼓励受害人积极主张权利，"倍数赔偿"未能够有效地激起受害者维权的积极性，一般消费者认为赔偿数额过低，程序繁琐，得不偿失，因此，"倍数赔偿"限制了该制度作用的发挥。第三，法院对适用惩罚性赔偿过于谨慎。《消费者权益保护法》颁布后出现的"王海现象"充分证明了只要有必要的激励，民众对打假还是很有积极性的。但是后来有的法院不支持'知假买假'者对于"双倍赔偿"的请求，认为知假买假者购买消费品的目的不是为了消费和使用，而是为了获利，不属于《消费者权益保护法》中规定的消费者。[①]

为切实发挥惩罚性赔偿制度功能，现行立法需要有所突破，并加大惩罚力度。

首先，应扩展适用范围。无论是订立合同时的欺诈行为还是合同履行中的欺诈行为或者履约过程中的恶意违约行为，都是严重违背诚实信用原则的行为，目的在于谋取不义之财，属于变相的"盗窃"或者"抢劫"，法律必须予以严厉制裁。

---

　　① 胡冉：《药品侵权中惩罚性赔偿制度的探讨》，2012年成都中医药大学硕士论文，第14~15 页；王卫国：《我国消费者保护法上的欺诈行为与惩罚性赔偿》，载《法学》1998年第3期，第23页。

其次，惩罚性赔偿还应当扩展到订约能力不平等的"特殊关系合同"中，诸如保险合同、公用事业合同等，在这类合同中，应针对强势一方恶意解除合同、恶意拒绝履行等严重侵害弱势一方合同权利的行为适用惩罚性赔偿，维护合同公平正义。①

第三，在惩罚性赔偿的数额上不再固守"倍数赔偿"，建议与《侵权责任法》保持一致，即由法官自由裁量，至少增加倍数，不再限于3倍、5倍或者10倍，至少没有倍数的上限。

为了避免法官自由裁量权的滥用，防止裁决结果的严重失当，可以参考以下三个因素为法官自由裁量权设定参考标准：

第一，剥夺因欺诈或者恶意违约而获得的不法利益，使得其不经济。被告欺诈或者恶意违约多是由经济利益所驱动，法律不但强制性地剥夺其非法获利，而且还使得被告额外付出巨大损失，不但惩罚了被告，对社会也传递了"合法经营""君子爱财取之有道"的社会价值观。

第二，在被告没有获利或者获利较少的情况下，法律应该设立一个最低赔偿额，这一赔偿至少能够涵盖诉讼费、律师费、交通费、调查费等必要费用开支，不能让原告"赢了官司输了钱"，让被告承担因其欺诈或者恶意违约给原告造成的损失。

第三，区分合同性质，在"特殊关系合同"案件中，对强势一方的欺诈或者恶意违约行为，即使其没有获利，也要施以惩罚性赔偿。

惩罚性违约损害赔偿对于PPP项目合同也是适用的，必须加大对违约方的惩处力度。如果一方严重违约，不但导致项目失败，前期所做一切工作归于零，而且也损害了守约方的利益，更为重要的是会带来一系列的负面效应，要么政府的公信力大打折扣，要么公共利益受损。

需要强调的是，必须让PPP项目合同的违约方付出较高代价。只有当惩罚的力度足够大，严厉到违约的赔偿大大高于守约的收益，对违约

---

① 郑岩、杨秋霞：《美国合同领域惩罚性赔偿研究》，载《烟台大学学报（哲学社会科学版）》2012年第3期，第24页。

方产生现实的利益触动时，才能促使双方更为谨慎行事、权衡利弊，尽量避免违约发生。而就具体的惩罚赔偿而言，针对政府的惩罚要重于社会资本方，因为政府原本就是国家的代表、诚信的化身，理应树立诚信的形象。如果政府一旦违约，一方面，政府的公信力会受到影响，公信力降低，另一方面，若由于政府失信导致项目失败，公共利益受损姑且不说，社会资本方的损失远远大于政府。因此，"欲戴皇冠，必承其重"，政府应承担更重的违约损害赔偿责任。[①]

有些学者认为，政府应该坚持"胡萝卜加大棒"原则，刚柔并济，采取措施激励私营部门积极为社会服务。这些措施包括在合作早期，政府多加扶持私营部门，为私营部门参与公共基础设施提供便利。在一定条件下，政府对私营部门给予一定的补偿，并且对完成一定指标任务的私营部门进行奖励等激励措施。与此同时，政府应当制定惩罚措施。首先，建立罚金制。在私营部门有违反合同约定与相关法律规定，与合作最终目标不符时，公共部门应该采取一定的惩罚手段惩罚不守约、不合法的私营部门，如财政部2014年《PPP项目合同指南》中规定，若项目公司因自身原因违约而无法按期运营时，将承担包括但并不限于无法按时获得付费、缩短运营期限、支付逾期违约金、项目终止、履约担保等不利后果。为了保障公共利益的实现，对于私营部门的违约、违规行为，结合损害程度，政府有必要建立罚金制，且该罚金与合同中的逾期违约金并不冲突。其次，除罚金外，公共部门还可以对私营部门建立信用评级制度，将违约或者违法的私人部门纳入信用黑名单，在一定期限内或者永久取消其参加其他项目的资格，通过较为昂贵的违约成本严格约束私营部门的行为。再次，可以明确公共部门的强制收回权，针对项目公司经营不善严重危及公共利益的行为，公共部门可以取消其经营权，对于经营中的风险由社会资本自行承担，例如澳大利亚维多利亚州

[①]　王怡：《探析PPP模式的运作障碍及建议》，载《企业家日报》2016年3月3日，第3版。

政府 Deer Park 女子监狱的私营承办商因经营不善最终被政府收回。[①]

PPP 实践中，某些地方政府部门手握重权，商业意识淡薄，缺乏契约精神，在某种程度上存在天然的优越性，极容易将自己的单方意志强加于社会资本方，甚至不惜以毁约为要挟，社会资本方处于实际上的不平等地位。要顺利推进 PPP 事业，政府及其部门必须转变职能定位，由传统的"管理者"走向"监督者""合作者"，避免简单地发号施令，要以平等的身份参与到交易中来。因此，从某种角度看，政府契约精神的树立与 PPP 法律法规的建立健全同等重要。[②]

第六节　引入公益诉讼维护社会公共利益

公益诉讼恰如公共利益一样，是一个充满争议的概念。公益诉讼的定义应当包括三个基本方面，即该类诉讼保护的内容是什么、谁可以提起公益诉讼以及该类诉讼在性质上属于何种类型的诉讼。《民事诉讼法》第五十五条规定，对污染环境、侵害众多消费者合法权益等损害社会公共利益的行为，法律规定的机关和有关组织可以向人民法院提起诉讼。人民检察院在履行职责中发现破坏生态环境和资源保护、食品药品安全领域侵害众多消费者合法权益等损害社会公共利益的行为，在没有前款规定的机关和组织或者前款规定的机关和组织不提起诉讼的情况下，可以向人民法院提起诉讼。前款规定的机关或者组织提起诉讼的，人民检察院可以支持起诉。由此可见，我国现行立法未规定公民个人可以提起公益诉讼。

---

① 吕明瑜、孙瑞瑞：《经济法视域下PPP模式中公私利益的协调》，载顾功耘主编：《公私合作（PPP）的法律调整与制度保障》，北京大学出版社2016年版，第250页。
② 陆晓春、杜亚灵、岳凯、李会玲：《基于典型案例的PPP运作方式分析与选择》，载《财政研究》2014年第11期，第17页。

有学者认为，公益诉讼是指特定的主体根据法律的授权就损害社会公共利益的行为提起民事或者行政诉讼的制度。[①] 还有学者依据《民事诉讼法》第五十五条规定，对公益诉讼进行了界定，即所谓公益诉讼，是指国家机关和社会组织，根据法律法规的授权，对污染环境、侵害众多消费者合法权益等损害社会公共利益的行为提起的诉讼。[②]

根据《最高人民法院关于审理消费民事公益诉讼案件适用法律若干问题的解释》第一条规定，全国各地立的消费者协会，对经营者侵害众多不特定消费者合法权益或者具有危及消费者人身、财产安全危险等损害社会公共利益的行为，可以提起消费民事公益诉讼。并非任何人民法院都具有消费公益诉讼案件管辖权，该解释第三条第二款规定，经最高人民法院核准，高级人民法院依照本辖区实际情况，确定辖区之内的一部分中级人民法院受理消费民事公益诉讼案件的第一审案件。同时，针对消费公益诉讼这一类，不存在反诉问题，被告提出反诉的，人民法院不予受理。

《最高人民法院、最高人民检察院关于检察公益诉讼案件适用法律若干问题的解释》第五条规定，市（分、州）人民检察院提起的第一审民事公益诉讼案件由侵权行为地或者被告所在地中级人民法院管辖。检察公益诉讼分为民事公益诉讼和行政公益诉讼。

该解释第十三条明确指出，人民检察院在履行职责中发现破坏生态环境和资源保护、食品药品安全领域侵害众多消费者合法权益等损害社会公共利益的行为，不能迳行提起公益诉讼，拟提起公益诉讼的，应当依法公告，公告期间为三十日。公告期满，法律规定的机关与有关组织不予诉讼的情况，人民检察院可以向人民法院提起诉讼。同样，人民检察院提起的民事公益诉讼案件中，被告以反诉方式提出诉讼请求的，人民法院不予受理。

---

① 刘学在：《民事公益诉讼制度研究》，中国政法大学出版社2015年版，第65页。
② 孙佑海：《对修改后的〈民事诉讼法〉中公益诉讼制度的理解》，载《法学杂志》2012年第12期，第89页。

上述《最高人民法院关于审理消费民事公益诉讼案件适用法律若干问题的解释》《最高人民法院、最高人民检察院关于检察公益诉讼案件适用法律若干问题的解释》，并未对于公益诉讼中是否可以免交（缓交）诉讼费、诉讼结果的具体承担，比如，通过诉讼取得财产归属以及如何分配等作出直接的规定。当然，《最高人民法院、最高人民检察院关于检察公益诉讼案件适用法律若干问题的解释》第二十六条规定，本解释未规定的其他事项，适用民事诉讼法、行政诉讼法以及相关司法解释的规定，但是，这并不能当然地解决或者回答上述问题，因为，民事诉讼法、行政诉讼法本身并没有关于当事人调查取证的费用、鉴定费用、律师代理费用处理的规定。因此，关于此问题应当予以进一步明确，以便更好地促进公益诉讼的开展。报告认为，PPP项目合同涉及不特定多数人利益，无论是政府方违约还是社会资本方违约，如果对违约行为听之任之，处理不好，显然会危及社会公共利益。在这种情况下，法律规定的机关和有关组织，特别是检察机关，就可以向人民法院提起诉讼，以切实追究违约责任，维护公共利益。我国是社会主义公有制国家，国家利益与社会公共利益相互交织，很难断然分开，公益诉讼中的"公共利益"应做广义解释，既包括社会公共利益，也包括国家利益。[①]

第七节 "一带一路"背景下的PPP项目合同争端解决

联合国《国际商事仲裁示范法》中对"商事"通常作广义解释，包含不论是契约性或非契约性的一切商事性质的关系所引起的事项，其中

---

① 全国人大常委会法制工作委员会民法室：《民事诉讼法修改决定条文解释》，中国法制出版社2012年版，第45页。

明示包括"特许"。根据《纽约公约》第 5 条第 2 款的规定，可仲裁性的评判依据是缔约国当地标准。

在实践中，PPP 项目合同纠纷在国际层面很少通过国内诉讼来解决，绝大多数是依靠国际仲裁。

PPP 项目合同争议的可仲裁性不仅是一个国内法律问题，它还关乎"一带一路"倡议下 PPP 项目合同争议的国际仲裁。假如我国确立了 PPP 项目合同争议不可仲裁性的法律标准，也就意味着国际上有关 PPP 项目合同争议的仲裁裁决可能无法在我国得到承认与执行。中国企业的 PPP 项目要走向国际，如果不能解决在国内的仲裁问题，那么将对企业在国际层面约定国内机构仲裁产生不利影响。

对外经济贸易大学国际商法研究所所长沈四宝教授提示，现在我国仲裁国际化的核心是要让更多中国仲裁机构参与国际仲裁。如果国内 PPP 项目合同争议的仲裁问题不解决，那么想要把数百年来西方世界在国际仲裁的一统天下局面打破会很难。

PPP 可以与"一带一路"倡议相结合。中国经济的崛起必然要"走出去"积极参与国际竞争与国际合作、构建新的国际秩序、寻找中国国家利益与沿线国家利益，"一带一路"是最大公约数，对内促进中国产业结构升级，对外扩展新的市场空间。中国企业作为社会资本方参与非洲、南美洲第三世界国家的基础设施建设，早已积累了丰富的经验，即 PPP 中的公（public）从中国政府延伸为国外政府，私（private）从国内社会资本延伸为中国企业，"一带一路"倡议一样可以借鉴 PPP。[①]

"一带一路"倡议确立以来，建立相应的纠纷解决机制一直是热议的话题。"一带一路"意义重大，发展好了，不仅可以促进沿线国家经济的发展和社会繁荣，也会成为拉近沿线国家关系的纽带。随着"一带一路"倡议的进一步推进，国家与国家之间的投资将会愈加频繁。与此

---

① 蒲坚、孙辉、车耳、张偲：《PPP 的中国逻辑》，中信出版集团 2016 年版，第 124 页。

同时，很多投资以 PPP 形式出现。完全可以想象，投资争端也势必会陆续出现，并且呈现出增长趋势。因此，客观上需要研究"一带一路"背景下的 PPP 项目合同争端解决机制。

一、建立"一带一路"争端解决机制和机构应把握的问题

一是主导化。我国作为"一带一路"建设的主要倡导者，已经对这一宏大战略的基础、设计、框架、内容、步骤、未来等作了全面深入的研究，并且在人、财、物等各方面进行了精心的准备。因此，在包括建立系统的纠纷解决机制方面，也应发挥不可替代的主要作用，负担起主要责任，要谋求相当的主动权、话语权和优势地位，同时也要承担更大的责任和义务。

二是国际化。目前统一的、独立的"一带一路"纠纷解决机制还没有形成，主要还是依靠沿线国家现有的救济途径解决纠纷，包括调解、仲裁、诉讼等，有些纠纷也诉诸现有的国际争端解决机制。未来建立的"一带一路"纠纷解决机制应当是一个更加国际化的机制，无论从机构、程序、人员、标准、工作地点等都应该体现国际化，而不是以个别国家为主或者为个别国家服务，裁决结果才能更具有统一性和公信力。

三是开放化。"一带一路"建设以开放为导向，以建成"开放之路"为目标。"一带一路"建设面向所有国家和地区，并非仅限于沿线国家地区。建立争议解决机制不只是个别国家的事情，所有成员责无旁贷。未来的争议解决方式机制，向相关国家和地区开放，随时可以加入或者退出。

四是自治化。"一带一路"建设不是另起炉灶，不是推倒重来，而是实现战略对接、优势互补。建立任何纠纷解决机制，必须充分践行

意思自治原则，尊重当事国的选择，不搞"一刀切"，是在充分意思自治的前提下，形成一套全新的机制。当事国、当事人可以继续选择原有纠纷解决机制和机构，也可以诉诸统一的"一带一路"争端解决机制。

五是多元化。对于当事人来讲，永远没有"最好的"纠纷解决方式，只有"最适合的"纠纷解决方案。目前，我国已经建立了司法诉讼、商事仲裁、商事调解、第三方调处、中立评估、赋强公证、协商谈判等多元化纠纷解决机制。其中，诉讼渠道借助其机构权威、人员专业、程序完备、经验丰富、裁判效力等优势，一直是国际商事纠纷的主要渠道。值得注意的是，我国国际经济贸易仲裁委员会、北京仲裁委员会、香港国际仲裁中心已经成为具有重要国际影响的商事争议解决机构，并且涌现出大批业务精深、经验丰富的仲裁员、调解员。在"一带一路"争议解决中，我国应继续坚持纠纷解决的多元化原则。

六是便利化。"一带一路"沿线国家众多、文化差异大、语言种类多，经济发展极为不平衡，因此，贯彻"司法为民"理念更为困难，方便相关国家和地区当事人解决纠纷意义更大。一方面，要提高纠纷解决的效率，另一方面，要提高裁决结果的效力。从纠纷渠道的选择、管辖标准的制定、审仲调地点的确定、纠纷程序的简化、当事人纠纷压力负担的减轻等，都是便利化原则的题中应有之义。

七是信息化。快速发展的现代技术，不仅深刻地改变了人们的生活方式，也在很大程度上改变了人们的工作模式。近年来，我国在智慧法院、线上调解、互联网法院等建设方面取得突破性进展，积累了丰富的实践经验。通过网上立案、异地缴费、网上办案、数据分析，可以大大提高纠纷解决效率，降低当事人纠纷解决的成本。建立网上纠纷解决机制（ODR），可以整合不同国家、不同法系、不同领域的纠纷资源，提高纠纷解决的专业化水平。可以建立"一带一路"纠纷解决案例库，当事人可以搜索同类型案件在不同国家或地区的法律适用，提前预判可能出现裁决结果，方便当事人选择在自己利益最大化的国家或者地区解决纠纷。①

八是法治化。笔者认为，既然解决纠纷，就应该遵循公认的法治原则，一切以事实为根据、以法律为准绳，将纠纷解决在法庭（仲裁庭）上，而不是法庭（仲裁庭）外，尊重生效裁决的既判力和执行力，维护生效法律文书的权威，不让生效法律文书沦为一纸空文。

二、建立"一带一路"争端解决机制和机构应坚持的原则

2018年1月23日，中央全面深化改革领导小组举行第二次会议，审议通过了《关于建立"一带一路"国际商事争端解决机制和机构的意见》（以下简称《意见》），2018年6月，中共中央办公厅、国务院办公厅印发了《意见》，并发出通知，要求各地区各部门结合实际认真贯彻落实。《意见》指出，要坚持以下原则：

第一，坚持共商共建共享原则。保持开放包容心态，倡导"一带一路"建设参与国精通国际法并熟练掌握本国法的专家积极参与，尊重当事人选择国内外法律专家解决纠纷的权利，使"一带一路"国际商事争端解决机制凸显国际化特征、体现共商共建共享精神。

第二，坚持公正高效便利原则。研究借鉴现行国际争端解决机制有益做法，设立符合"一带一路"建设参与国国情特点并被广泛接受的国际商事争端解决新机制和机构，公正高效便利解决"一带一路"建设过程中产生的跨境商事纠纷。

第三，坚持尊重当事人意思自治原则。尊重"一带一路"建设参与

---

① 蒋惠岭：《建立"一带一路"纠纷解决机制的七项指引》，载《人民法院报》2017年7月7日。

国当事人协议选择纠纷解决方式、协议选择其熟悉的本国法或第三国法律的权利，积极适用国际条约、国际惯例，平等保护各方当事人的合法权益。

第四，坚持纠纷解决方式多元化原则。充分考虑"一带一路"建设参与主体的多样性、纠纷类型的复杂性以及各国立法、司法、法治文化的差异性，积极培育并完善诉讼、仲裁、调解有机衔接的争端解决服务保障机制，切实满足中外当事人多元化纠纷解决需求。通过建立"一带一路"国际商事争端解决机制和机构，营造稳定、公平、透明、可预期的法治化营商环境。[①]

《意见》指出，最高人民法院在广东省深圳市设立"第一国际商事法庭"，在陕西省西安市设立"第二国际商事法庭"，受理当事人之间的跨境商事纠纷案件。最高人民法院民事审判第四庭负责协调并指导两个国际商事法庭工作。

建立由精通国际法及其本国法的专家组成的国际商事专家委员会，制定相应工作规则。对当事人之间的跨境商事纠纷，委员会根据当事人自愿原则先行调解，并制作调解书。我国法院审理案件过程中需要适用外国法时，委员会可就如何适用外国法提供专家意见。

支持具备条件、在国际上享有良好声誉的国内仲裁机构开展涉"一带一路"国际商事仲裁。鼓励国内仲裁机构与"一带一路"建设参与国仲裁机构合作建立联合仲裁机制。吸引更多海内外优秀仲裁员，为"一带一路"建设参与国当事人提供优质仲裁法律服务。"一带一路"国际商事仲裁机构解决涉"一带一路"建设跨境商事纠纷，我国法院依法提供财产保全、证据保全等方面的司法支持，并在便利、快捷司法审查的基础上积极执行仲裁裁决。

支持具备条件、在国际上享有良好声誉的国内调解机构开展涉"一

---

① 郭丽琴：《中国将建一带一路争端解决机构 设全新国际商事法庭》，载《第一财经日报》2018年1月25日。

带一路"国际商事调解。支持有条件的律师事务所参与国际商事调解，充分发挥律师在国际商事调解中的作用，畅通调解服务渠道。"一带一路"国际商事调解机构为解决"一带一路"建设参与国当事人之间的跨境商事纠纷出具的调解书，可以由有管辖权的人民法院经过司法确认获得强制执行力。

《意见》要求，建立"一带一路"国际商事争端解决机制和机构相关工作，由推进"一带一路"建设工作领导小组统一负责和协调，具体工作方案由最高人民法院牵头制定并组织实施，全国人大监察和司法委、全国人大常委会法工委、外交部、司法部、商务部、中国贸促会参与相关工作。充分利用智慧法院建设成果，尽快建立"一带一路"建设参与国法律数据库及外国法查明中心，加强对涉"一带一路"建设案件的信息化管理和大数据分析，为法官提供智能服务，确保法律适用正确、裁判尺度统一。支持相关单位联合"一带一路"参与国商协会、法律服务机构等共同建立非政府组织性质的国际商事争端预防与解决机制。注重培养和储备国际化法律人才，建立"一带一路"建设参与国法律人才库，鼓励精通国际法、国际商贸规则以及熟练运用外语的国内外法律专家参与到争端解决中来。引导国内法学专家加强对国际商事争端解决有关问题的研究，努力形成一批有价值的研究成果，并切实做好成果转化工作。探索推进民事诉讼法、仲裁法等相关法律法规、司法解释及其他规范性文件的配套修改工作，为"一带一路"国际商事争端解决机制和机构的建立与完善提供充分法律依据和保障。①

---

① 新华社：中共中央办公厅、国务院办公厅印发《关于建立"一带一路"国际商事争端解决机制和机构的意见》，载http://www.xinhuanet.com/2018-06/27/c_1123046194.htm，最后访问时间：2018年6月29日。

第八节　违约损失赔偿数额的主张和计算

一、违约损害赔偿——主要的违约救济方式

违约损害赔偿就是指违约方不履行或不完全履行合同义务而给对方造成经济损失，依法或根据合同规定应承担损害赔偿责任。[①] 赔偿损失亦称损害赔偿，在合同法中是指债务人不履行合同债务时依法赔偿债权人所受损失的责任。[②]

继续履行、采取补救措施或者赔偿守约人的经济损失，是违约人承担的主要法律责任。《合同法》第一百零七条规定："当事人一方不履行合同义务或者履行合同义务不符合约定的，应当承担继续履行、采取补救措施或者赔偿损失等违约责任。"《合同法》第一百一十条就继续履行设定了较为严格的限制条件，修理、重作、更换等补救措施，实务中用得较少。总体而言，赔偿损失这种违约救济方式用得最多且易于接受，其他救济方式最终都可以转换为赔偿损失这种救济方式。可以说，赔偿损失是最为主要、最为常见的违约救济方式。通俗地说，违约损害赔偿就是法律强性地要求违约人给付受害人一笔金钱以弥补受害人所受到的经济损失。《民法总则》第一百七十九条列举了 11 类民事责任的承担方式，其中将返还财产、恢复原状、修理、重作、更换等责任方式与赔偿损失并列，返还财产属于物权请求权范畴，在性质、效力和范围方面均与赔偿损失有所不同。修理、重作、更换则属于强制履行范围，与赔偿损失不属于同类救济措施。[③]

---

① 王利明：《合同法研究》（第二卷），中国人民大学出版社2011年版，第600页。
② 崔建远主编：《合同法》，法律出版社2003年版，第257页。
③ 崔建远主编：《合同法》，法律出版社2003年版，第257页。

违约损害赔偿具有如下特点：

第一，违约损害赔偿是一种合同生效后而产生的一种责任。合同的成立并且生效是违约损害赔偿责任存在的前提条件。因违反诚实信用原则导致合同不成立、无效、被撤销等所生的缔约过失责任以及行为人违反不得侵害他人财产和人身义务而造成他人财产和人身损害所应承担的侵权损害赔偿责任（《合同法》第一百二十二条"请求权竞合"条款除外），都不属于本书所谈的违约损害赔偿责任问题。

第二，违约损害赔偿原则上具有补偿性，以填补损害为宗旨，一般不具有惩罚性。一般情况下，违约损害赔偿的目的就是填补受害人的全部损害，受害人不得因对方违约而额外受益，赔偿范围以实际发生的损害为计算依据。合同责任原则上为无过错责任，不以行为人的过错程度决定案件结果，损害赔偿也不是为了惩罚过错行为。

第三，违约损害赔偿兼具法定性与任意性特点。违反效力性强制性规定的民事法律行为才发生无效之法律后果。《最高人民法院关于适用〈中华人民共和国合同法〉若干问题的解释（二）》第十四条规定："合同法第五十二条第五项规定的'强制性规定'是指效力性强制性规定。"《民事诉讼法》第十三条第二款规定："当事人有权在法律规定的范围内处分自己的民事权利和诉讼权利。"双方当事人可以基于"合同自由"原则在不违反效力性强制性规定的前提下约定权利义务。当事人可以在法律规定的范围内对债权债务作出安排和处分，也可以实现对损害赔偿问题进行约定。同时，合同内容并非绝对自由，违反效力性强制性的条款无效，损害赔偿责任也体现了国家的强制力，如果合同一方无正当理由拒不履行，另一方当事人可以寻求公力救济，最大程度维护法律权威和当事人合法权益。

第四，违约损害赔偿以完全赔偿为原则。违约责任通常情况下并不考虑违约人主观方面的内容，如故意或者过失、过错程度的高低等，损害赔偿的数额直接根据由于违约行为所造成的损失来计算。这种损失既包含了期待利益的损失，也包含了信赖利益的损失，其全部损失都应该予以赔偿。只有赔偿守约人的全部损失，才能置守约人如同合同正常履行完毕一样的处境。当然，守约人的损失必须是合理预见并且可以量化的损失。

第五，违约损害赔偿本质上是一种交易关系。任何主体造成他人损害，必须以等量的财产予以赔偿全部损失，这符合等价交换原则。通过让违约人赔偿受害人的全部损失，让守约人得到合同全部履行利益，好比违约从未发生一样，也就是使守约方处于交易正常实现情况下的状态。当事人在得到赔偿后能够从事替代交易或者弥补已经进行了的交易成本，以保证社会交易的正常进行，实现当事人的交易目的。同时，对损害赔偿的范围法律同样作出限制，如赔偿范围应当限定在当事人订立合同时所遇见的范围之内，也就是明确了期待利益的判断标准。这其实也反映了一种交易关系上的需要，这样既有利于鼓励交易，也同时能够避免当事人因承担不合理的损害后果而影响交易关系的存在。①

二、违约损害赔偿与其他几种主要违约救济方式的关系

《民法总则》第一百七十九条规定的民事责任承担方式多达11余种，违约损害赔偿便是其中一种。这些责任承担方式既可以单独使用，也可以结合综合适用。

（一）违约损害赔偿与实际履行

市场经济条件下，实际履行原则已经不再是合同法的基本原则，但是，仍然是一项主要的违约救济手段，并且，在大陆法系国家，例如德国、法国，一方当事人违约后，只要对方当事人适时提出请求，实际履

---

① ［英］P·S·阿蒂亚：《合同法导论》，赵旭东等译，法律出版社2002年版，第3页。

行往往还是被作为首选的救济手段来运用。二者能够并用是没有疑问的，问题在于，违约发生后，损害赔偿与实际履行孰先孰后？

在英美法系国家，衡平法院认为损害赔偿救济不够充分或者无法实现公平时，创设了"实际履行"这种特别救济制度。法院在采取该救济措施时，受到严格条件的限制：第一，只有在损害赔偿不足以救济时，才发布特别履行（实际履行）命令；第二，只有在法院认为这些命令可以执行时，才发布这样的命令。① 实际上，法院在考虑是否采取强制履行的救济措施时，考虑的因素除了以上两个原则，法院还会考虑到以下因素，例如违约方是否具有清偿能力、违约方的服务是否有个人性质、受害方能否提供对应的履行。② 在大陆法系国家中，有将实际履行而非赔偿损失作为违约救济措施首选的传统。他们认为，人要诚实信用，说话要算数，否则，是一种罪恶，协议需要被遵守，③ 实际上随着法系的不断融合，两大法系在救济手段的具体适用方面，有许多异曲同工之处，英国法与法国法两种制度之间的差别比想象的要小得多，早期可能性很大，但现在已经降为纯理论问题。④

《合同法》第一百一十条规定："当事人一方不履行非金钱债务或者履行非金钱债务不符合约定的，对方可以要求履行，但有下列情形之一的除外：（一）法律上或者事实上不能履行；（二）债务的标的不适于强制履行或者履行费用过高；（三）债权人在合理期限内未要求履行。"由此可见，我国在立法上对继续履行采取限制的立法政策。是否启动取决于非违约方，合同标的物绝大多数属于种类物，在市场上能够找到替代品，在这种情况下，当事人主张实际履行没有太大意义。实际履行并不

---

① 沈达明：《英美合同法引论》，对外贸易教育出版社1993年版，第280页。
② 王军：《美国合同法》，中国政法大学出版社1996年版，第361页。
③ ［法］莱尼·维达：《英国法与法国法》，潘华仿等译，中国政法大学校内用书，1994年印刷，第122页，见1997年5月14日《合同法（征求意见稿）》说明部分。
④ 胡哲锋：《违约救济方式适用比较研究》，载《兰州学刊》2004年第10期，第159页。

影响当事人请求赔偿损失或者支付违约金的权利。

理论上，大陆法系强调履行优先，英美法系强调赔偿优先。虽然我国民事立法总体上受大陆法系国家影响深刻，但是，我国合同立法在实际履行问题上反而更接近于英美法系国家。违约责任制度存在的意义在于维护交易秩序，补偿因违约人违约而导致的损害，我国《合同法》采取的是赔偿损失优先的原则，只有当金钱的赔偿不能完全弥补当事人的损害时，实际履行才可能有适用的空间。[①]我国立法在实际履行与赔偿损失问题上采取的态度是：允许并用，赔偿优先。

（二）违约损害赔偿与解除合同

《民法通则》第一百一十五条规定："合同的变更或者解除，不影响当事人要求赔偿损失的权利。"《合同法》第九十七条规定："合同解除后，尚未履行的，终止履行；已经履行的，根据履行情况和合同性质，当事人可以要求恢复原状、采取其他补救措施，并有权要求赔偿损失。"我国立法允许损害赔偿与解除合同的并用。《德国民法典》第 325 条、《法国民法典》第 1184 条、《美国统一民法典》第 2—720 条均认为损害赔偿与解除合同可以并存。

对于解除合同时并用损害赔偿，如何确定损害赔偿的范围，学者之间观点存在差异。有学者认为，此时损害赔偿应当包含当事人所遭受的全部损害，既包含了恢复原状所生的损害，又包含了因债务不履行而生的损害。[②]还有学者认为，合同解除后的损害赔偿不应该包括因债务不履行而生的可得利益的赔偿，仅包括合同解除后因恢复原状、管理维修标的物、非违约方因返还本身而发生的损害赔偿。因为，从法律效果上来看，在合同解除是因违约而产生的情况下，其效力是使当事人之间恢复到订立合同之前的状态，但是期待利益的实现仅在合同履行后才可能

---

① 李永军：《合同法》，法律出版社2005年版，第540页。
② 周林彬主编：《比较合同法》，兰州大学出版社1989年版，第354页。

实现，当事人解除合同就意味着当事人不愿意再继续履行合同，也就谈不上可得利益的损害了，合同解除的法律效果就不应当超越其本应具有的功能。[①] 不过，该种观点并非完全可取，过于想当然化。新近，该学者似乎在该问题上有所变化，并认为如果仅仅赔偿实际费用损失，违约的成本就太低了，可能会鼓励恶意违约。只要有充分证据证明可得利益损失是客观存在的，就应当进行救济。合同在违约解除的情况下，不是使当事人恢复到缔约前的情况，而是使当事人恢复到合同好像已经完全履行的状态，这是原则问题。[②]

有学者指出，合同解除的法律效果应当仅限于违约方对信赖利益的赔偿上，这种信赖利益的赔偿范围必须不能大于合同有效的情况下非违约方期待利益的范围，通过美国学者富勒论证的结论来看，信赖利益的范围是永远不会超过期待利益的。[③] 以美国学者富勒为代表的学者认为，如果合同是因为违约而解除，违约方对于守约方的赔偿范围不包括实际损失，而仅仅涉及信赖利益，该信赖利益的赔偿数额不能超过假如合同有效并且得以正常履行时守约方可以获得的利益。我们没有理由让守约方处于一种假如合同得到了完全的履行他所应得的更好的状况和境地。[④]

以上主要是因违约而解除合同的情形。此外，还有几种情形也涉及合同解除与损失赔偿能否并用问题。第一，协议解除可以与赔偿损失并用，当事人有约定的从其约定。第二，因不可抗力致使不能实现合同目的解除合同的，可以与不可抗力发生前非违约方的损失并用。第三，约定解除是否与赔偿损失并存，首先看当事人的约定。无此约定，当事人

---

① 孙珊：《商品房产权登记面积与合同约定不符买方是否有权解除合同》，载《法律适用》2003年第1~2期（总第202~203期），第125页；王利明：《违约责任论》，中国政法大学出版社2003年版，第727~728页。

② 王利明：《违约责任的新发展》，载中国民商法律网http://www.civillaw.com.cn/Article/default.asp?id=58810，最后访问时间：2017年6月10日。

③ 沈春女：《论合同解除的损害赔偿》，载《学术交流》2009年第11期，第53页。

④ ［美］L·L·富勒：《合同损害赔偿中的信赖利益》，载梁慧星主编：《民商法论丛》（第7卷），法律出版社1997年版，第443页。

一方违约的，按违约损失赔偿处理；其他情形的合同解除场合，不存在损害赔偿。此种情况下，赔偿范围和额度应由当事人约定。[①] 第四，如果是约定解除，约定解除是否与赔偿损失并存，实行充分的意思自治原则，如果当事人之间没有此项约定，当事人违约的，按照法律规定的违约损害赔偿处理即可。[②]

（三）违约损害赔偿与违约金

违约金通常分为惩罚性违约金和赔偿性违约金。在建立惩罚性赔偿制度国家里，惩罚性违约金与损害赔偿并用自然没有问题。此处仅仅讨论违约损害赔偿与赔偿性违约金之间的关系。

第一，当违约造成损害时，受害方是否有权在获得赔偿后，另行主张支付违约金？囿于赔偿金用于填补损害的目的，在获得完全赔偿后，受害人不得另行主张支付违约金，简言之，二者不可并用。《德国民法典》第342条、《法国民法典》第1229条体现的也是不得并用精神。

第二，当违约金不足以补偿受害人全部损失时，受害人能否另行要求赔偿损失？有两种方式：第一种，支持另行主张的权利，以完全赔偿数额为限；第二种，受害人请求人民法院或者仲裁机构予以增加。增加的数额为违约金不足损失的差额。《合同法》第一百一十四条第二句规定："约定的违约金低于造成的损失的，当事人可以请求人民法院或者仲裁机构予以增加。"本书认为，违约金数额增加后，不得再主张赔偿。《德国民法典》第340条、《法国民法典》第1152条作此规定。一方面体现了合同自由原则，另一方面体现了公平价值。

第三，虽有违约但是没有造成损失情况下，受害人是否有权请求支付违约金？在此问题上，英美法系国家和大陆法系国家采取不同的立法例。英美法系坚持"没有损害就没有赔偿"原则，即纵然存在违约行

---

① 何溯：《解除权相关问题的研究》，载《科技经济市场》2007年第2期，第85页。

② 崔建远主编：《合同法》，法律出版社2003年版，第203页。

为，如果该违约行为没有造成对方损失，违约金条款将被视为惩罚性条款而无效。1971年美国俄勒冈州最高法院审理的哈蒂诉拜伊案中指出，当违约并没有在事实上引起损害时，他们事先已经达成的有关应支付违约金数额的协议是不能被强制执行的。[①] 在我国，只要迟延履行约定了违约金，即使没有损失，当事人也可以要求支付违约金。《合同法》第一百一十四条第三句规定："当事人就迟延履行约定违约金的，违约方支付违约金后，还应当履行债务。"

第四，损害赔偿请求权与违约金请求权如果指向的并非同一损害时二者能否并用？例如，其中一个请求权指向的是固有损害或者迟延给付的损害，而另外一个请求权指向的是给付本身的损害，此时由于两种请求权设立的目的不同，不但可以同时存在，而且还可以起到互相补充的作用。[②] 比如违约金请求权指向给付本身的损害，损害赔偿请求权指向的是迟延履行损害或者固有利益的损害。因为违约金与损害赔偿目的不同，不但并行不悖，而且相得益彰。这时，违约金尽管与损害赔偿并用，依然是作为损害赔偿额预定的赔偿性违约金，而不应机械地认为它是惩罚性违约金。[③]

（四）违约损害赔偿与定金

本书所指的定金仅是就违约定金而言的，学者们对违约损害赔偿与定金之间的关系观点并不统一。有学者指出，定金罚则适用的法律效果并非在于其补偿性，其并不以非违约方一定经济损失的存在为前提，只要存在不履行合同的法律事实定金罚则就可以适用。[④] 因此，该种观点认为定金与损害赔偿两者之间可以同时并用，二者之间不存在包含关

---

① 王军：《美国合同法判例选评》，中国政法大学出版社1995年版，第228页。
② 韩世远：《违约金的理论问题——以合同法第114条为中心的解释论》，载《法学研究》2003年第7期，第26页。
③ 崔建远主编：《合同法》，法律出版社2003年版，第291页。
④ 牟瑞瑾：《定金性质新探》，载《福建论坛》1993年第7期。

系。第二种观点认为，定金是法定损失赔偿的总额，违约定金为契约不履行之损害赔偿，认为定金本身即为损害赔偿，不返还之定金即为损害之填补。[①] 第三种观点认为，定金是最低赔偿额的预定。如果当事人交付定金过高，与非违约方所受损失明显不成比例，收取定金方需返还超过损害部分之金额。[②]

《俄罗斯联邦民法典》规定，如果合同没有不同规定，对合同的不履行负有责任的一方，必须向另一方赔偿损失，但应当扣除定金的数额。需要明确的是，定金责任的产生并非以损失之实际发生为前提条件。定金罚则具有特定之含义，不得因为学者个人之见解而发生偏离。本书认为，即使违约没有造成实际损害或者定金数额远超实际损害，仍然产生违约责任的承担。同时，定金也不是法定损害赔偿的总额，定金的支付源于当事人之间的事先约定，意在担保合同的履行，促使当事人积极履行合同，至于将来损害发生及损害的程度等都很难预先估计。我国《担保法》第九十一条规定："定金的数额由当事人约定，但不得超过主合同标的额的百分之二十。"由此可见，我国法律对定金数额是有限制规定的，超过部分无效。假如定金要是法定损害赔偿总额，如果定金过低难言当事人损害之完全赔偿，会产生严重不公平之后果。定金本意为合同担保措施，而非损害赔偿额之预定。赔偿非违约方的全部损失是损害赔偿的基本原则，如果适用定金罚则仍不能弥补当事人全部损害的，违约方还应继续赔偿其损失。《合同法》第一百一十二条规定："当事人一方不履行合同义务或者履行合同义务不符合约定的，在履行义务或者采取补救措施后，对方还有其他损失的，应当赔偿损失。"我国原先法律允许定金与违约金并用，最高人民法院法（经）发〔1987〕20号《关于在审理经济合同纠纷案件中具体适用〈经济合同法〉若干问题的解答》第八条第四款曾规定："定金与违约金的性质不同。定金是一

[①] 王伯琦：《民法债编总论》，台湾地区台北国立编译馆1962年版，第200页。
[②] 王铿：《论定金》，载《上海法学》1989年第5期。

种担保方式，而违约金是对违约的一种制裁和补偿手段。所以合同的一方可以在对方违约时既要求对方偿付违约金，又要求按定金罚则处理定金问题，只要法律和法规没有相反规定，就应当予以保护，但并用的结果应以不超过合同标的价金总额为限。"《合同法》第一百一十六条规定："当事人既约定违约金，又约定定金的，一方违约时，对方可以选择适用违约金或者定金条款。"我国目前合同立法已经明确禁止并用合同定金和违约金，但该解答仍具有参考价值。一方面应坚持填补损失原则，另一方面充分发挥定金的惩罚功能，促使当事人积极履行合同。

总之，定金与损害赔偿金并用应遵循如下规则：（1）定金之适用并非以造成损失为前提。（2）若定金高于实际损失额，如无特别约定，则直接适用定金，此定金应折算为损害赔偿金。（3）若定金小于实际损失，当事人除收取定金收益外，仍可以请求赔偿损失。（4）如果当事人明确约定定金为损失之预设，则定金与损害赔偿金不可以并用。

三、主张违约损失赔偿数额应坚持的原则

完全赔偿原则作为违约损害赔偿的基本原则，为违约人的赔偿责任确定了标准。根据该原则，许多国家的法律要求根据不同的情况，通过赔偿使非违约方的利益恢复到合同订立前的状态，或者恢复到合同如期履行的状态。[①] 我国民事立法采纳的就是完全赔偿原则。《合同法》第一百一十三条规定："当事人一方不履行合同义务或者履行合同义务不符合约定，给对方造成损失的，损失赔偿额应当相当于因违约所造成的损失，包括合同履行后可以获得的利益，但不得超过违反合同一方订立合同时预见到或者应当预见到的因违反合同可能造成的损失。"完全赔偿原则是我国《合同法》确立的违约损害赔偿的基本原则，该原则包括

① 张丽：《违约损害赔偿问题研究》，2011年首都经济贸易大学法学专业硕士学位论文，第9页。

信赖利益的赔偿和可得利益的赔偿。

就我国合同立法而言，损害赔偿的范围实际上就包含了实际损失和可得利益两个部分，实际损失等同于信赖利益，可得利益等同于期待利益。这种实际的损失并非富勒所说的"信赖利益"，而是受害者可能遭受的一种直接损害，也就是受害人的一种利益上的"积极的减少"，而期待利益则指的是受害人因为合同履行可能获取的额外利益，这种额外利益由于违约方的违约行为而不能获得，实际上导致了受害人利益的一种"消极的不增加"。①

四、可得利益损失的限制规则

《最高人民法院印发〈关于当前形势下审理民商事合同纠纷案件若干问题的指导意见〉的通知》（法发〔2009〕40号）第10条规定：人民法院在计算和认定可得利益损失时，应当综合运用可预见规则、减损规则、损益相抵规则以及过失相抵规则等，从非违约方主张的可得利益赔偿总额中扣除违约方不可预见的损失、非违约方不当扩大的损失、非违约方因违约获得的利益、非违约方亦有过失所造成的损失以及必要的交易成本。《最高人民法院关于审理买卖合同纠纷案件适用法律问题的解释》第二十九条规定，买卖合同当事人一方违约造成对方损失，对方主张赔偿可得利益损失的，人民法院应当根据当事人的主张，依据合同法第一百一十三条、第一百一十九条、本解释第三十条、第三十一条等规定进行认定。

合同法及其司法解释确立了可得利益损失认定可预见规则、减损规则、损益相抵规则以及过失相抵规则等。

---

① 林宏彬：《违约导致合同解除的赔偿学说》，载《化工职业技术教育》2009年第12期，第44页。

（一）可预见规则

在司法实践中，确认违约方的赔偿责任应当遵循"可预见性规则"，即违约方仅就其违约行为给对方造成的损失承担赔偿责任。对由于市场风险等因素造成的、双方当事人均不能预见的损失，非因违约方过错所致，与违约行为之间亦没有因果关系，违约方对此不承担赔偿责任。[①]

《合同法》第一百一十三条规定，虽然违约方应赔偿受损方可得利益损失，但是不能超过违约方在缔约时所能预见到的因为违约所能造成的损失。实践中应从以下三方面握上述问题：

1. 合同缔约时为违约方预见的时间点

比如受损方因对方的违约造成了50万的可得利益损失，但是，根据各方面情况认定，违约方在违约时只能预见到10万的损失，最终受损方能得到法院支持的可得利益损失就是10万。

2. 以合理标准认定违约方应当预见到可得利益损失的类型

"预见"属于主观世界的范畴，如何判断违约方在主观上应当预见到，是一个必须坚持主、客观相一致的原则，既要考虑违约方的认知水平、行为能力，还要根据交易的性质、合同的目的等因素综合认定，一般认为，在同等情形下，只要一个正常人能预见到，就应当认定违约方应当预见到。

因此，在适用可预见规则时，违约方要对某种损害承担责任只需对损害的类型有所预见即可，没有其他要求。因为，虽然可预见性规则旨在保护违约方使其免予承担赔偿全部损失的责任，但为了平衡保护受害人合法权益，基于公平的理念，在确定预见内容时，不应以预见的程度而应以预见的类型为准。因为社会交往纷繁芜杂，要求当事人对所有损害的程度都能预见也不现实；而若违约人只对自己预见到具体损害程度

[①] 江必新、何东宁等著：《最高人民法院指导性案例裁判规则理解与适用》（合同卷一），中国法制出版社2018年版，第449页。

的损害予以赔偿，受害人将很难得到适当保护。[①]

（二）损益相抵规则

损益相抵规则是指当受损方因损失发生的同一违约行为而获益时，应当从其所主张的可得利益损失中减去因损失发生的同一违约行为而获得利益。该规则确定了受损方主张的可得利益损失应当是指因为对方违约而遭受的"净损失"。通常而言，从受损方主张的可得利益损失中减去的获益包括：标的物的残余价值、本应支付的因违约行为的发生而免予支付的费用、受损方本应缴纳的税收等。

《合同法》没有直接规定这个规则，但在合同违约的法律实务中，法院普遍运用这个规则来计算受损方可得利益损失额。《最高人民法院关于审理买卖合同纠纷案件适用法律问题的解释》第三十一条规定，买卖合同当事人一方因对方违约而获有利益，违约方主张从损失赔偿额中扣除该部分利益的，人民法院应予支持。

（三）对待给付规则

对待给付理论少有学者提出，李永军教授曾做过系统研究，该理论源自英美法系国家的约因理论。[②] 通说认为，我国属于大陆法系国家，不承认英美法系上的对价制度。虽然我国立法不承认对价制度，但《合同法》第五条也要求当事人权利义务的确定要遵循公平原则，不能显失公平。《合同法》第六十五条、第六十七条分别规定了同时履行抗辩权、不安抗辩权。依据抗辩权理论，合同一方不能履行合同时，不能请求另一方为对待给付，另一方可以行使同时履行抗辩权、不安抗辩权。如果非违约方的不能履行的事实发生在违约方的违约之前，则违约方可通过

---

① 李迎霞：《违约损害赔偿范围限制规则之研究》，2008年山东大学法学专业硕士学位论文，第17~18页。

② 李永军：《合同法》，法律出版社2010年第3版，第573页。

举证证明该事实的存在主张同时履行抗辩权或不安抗辩权而免除责任。主张抗辩权的结果是使得合同主体之间权利义务达到总体上的平衡，充分体现了法律的公平价值。当然，如果非违约方的不能履行发生在违约之后，违约方就不能主张免除责任。该规则主要适用于双务有偿合同之中，对于具有救灾、扶贫等社会公益、道德义务性质的赠与合同或者经过公证的赠与合同，则另当别论。

另外，本书认为，减损规则、过失相抵规则不应成为违约损害赔偿的限制规则，理由如下：

1.所谓减损规则是指当事人一方因另一方违反合同受到损失的，应当及时采取措施防止损失的扩大；没有及时采取措施致使损失扩大的，无权就扩大的损失要求赔偿的规则。实际上，将受害方采取合理措施减轻损失作为其义务的观点，是一种误人子弟的行为，因为，即使受害方不采取这些措施，违约方对于受害方来讲，不需要承担任何责任，只是受害方不能就没有采取合理措施扩大的损失主张权利，违约方的赔偿责任本身并没有减轻。①

2.关于过失相抵规则，《合同法》并未明确规定。《最高人民法院关于当前形势下审理民商事合同纠纷案件若干问题的指导意见》明确提出了违约损害赔偿的过失相抵规则，《最高人民法院关于审理买卖合同纠纷案件适用法律问题的解释》第三十条规定被认为正式确立了过失相抵规则。实际上，我国合同法以严格责任作为违约责任归责原则，只有在合同无效和可撤销的情况下，才有可能发生按照双方过错的程度来承担相应的责任问题，而在合同被解除或者不被解除而要求可得利益时，不会发生"过错"适用的余地。②《合同法》未规定过失相抵规则，并不存在所谓的"立法漏洞"问题，最高人民法院却先后以指导意见、适用法

---

① E·Allan Farnsworth on contract, second edition, Little, Brown and Company, 1990, p. 220.

② 李永军：《合同法》，法律出版社2010年版，第574页。

律问题的解释的形式，正式确立违约损害赔偿的"过失相抵规则"，已经远非画蛇添足，而是原则性的错误问题，应予纠正。[①]

五、可得利益损失的计算方法

在期待利益损失赔偿纠纷案件中，如果守约方提供证据，证明其遭受的期待利益确系违约方的不履行合同义务或履行合同义务不符合约定的违约行为所直接造成的，且这些损失是违约方在守约方签订合同时所能够预见或应当预见的，则违约方应当依法赔偿损失。如果守约方不能提供证据证明，则由审判人员在遵守可预见规则情况下，根据相当因果关系确定期待利益的赔偿范围，然后计算出赔偿的数额。

依据现行法律法规及司法解释，法院或者仲裁机构最终支持的可得利益＝可得利益赔偿总额－违约方不可预见的损失－非违约方不当扩大的损失－非违约方因违约获得的利益－非违约方亦有过失所造成的损失－必要的交易成本。

（一）约定计算法

约定计算法适用于约定损失赔偿，是人民法院直接根据当事人的合同约定来判定期待利益的赔偿数额。约定损失赔偿体现了当事人的意思自由原则，只要其约定不违反法律禁止性规定，不损害国家、集体利益或第三人合法权益，人民法院不得随意干涉。这种方法的优点是简捷方便，既提高司法效率，又减轻当事人诉累。《合同法》第一百一十四条第一款对此作出了规定，即当事人可以约定一方违约时应当根据违约情况向对方支付一定数额的违约金，也可以约定因违约产生的损失赔偿额的计算方法。

---

① 李学辉：《法定违约损害赔偿限制规则研究》，法律出版社2017年版，第40页。

（二）司法鉴定法

如果没有约定或者约定不明，特别是对工程造价、窝工损失、期待利益等存有争议，法院通常会应当事人要求或者据职权委托鉴定机构鉴定，并由申请方或者负有举证责任当事人预交鉴定费用。

（三）参照估算法

参照估算法适用于法定损失赔偿，是人民法院在合同当事人没有直接约定赔偿损失的数额或方法情况下，根据有关法律所采用的赔偿损失计算方法。这种方法又分为两种：

①参照法。即法院在确定应赔偿期待利益损失时，首先确定一个与案件合同相同或相似合同或情况作为参考标准或参考对象，以此来确定计算守约方的期待利益损失。采用这种计算方法的关键在于准确确定参照对象。确定参照对象应注意受害人的相关条件，或与受害人在某个时期的情况相同或相似，参照对象与受害人的相关条件和情况越相同或越相似，则受害人的可得利益损失赔偿额的计算越精确。①

②估算法。当人民法院在审理可得利益损失赔偿纠纷案件难以准确地确定受害人的可得利益损失数额时，可根据案件的具体情况，综合全案，依据衡平和公平理念行使自由裁量权，责令违约方支付一个大致相当的赔偿数额，以合理填补受害人所遭受的可得利益损失。应注意的是，人民法院在一般情况下不能采用该方法计算可得利益损失，只有在当事人双方事先没有约定可得利益损失的计算方法，方可采用此方法计算受害人所遭受的可得利益损失，并判令违约方承担相应的赔偿责任。估算法就是在没有约定、没有规定、难以计算的前提下，法官结合具体个案，探究合同目的，依据公平、公正、合理原则，法官在自由裁量权基础上，判决给守约方一定数额的赔偿。此种方法要求法官熟悉全案情

---

① 冯建平：《可预见性规则的确立》，载《人民法院报》2004年第6期。

况，能够排除案外因素干扰，做到平衡当事人利益，对法官素质提出很高要求。[1]

六、可得利益损失赔偿诉讼中的举证规则

当事人在订立合同时没有约定可得利益损失赔偿额或计算方法，出现争议后，由人民法院或仲裁机构依照《合同法》第一百一十三条的规定认定可得利益损失。这种事后裁判对可得利益的认定结果主要取决于受损方的举证，如果受损方举不出证据或证据不足，则其可得利益损失之赔偿请求即得不到保护和支持。

七、违约金的调整

我国法律中规定的违约金具有补偿和惩罚双重性质。就补偿性来看，《合同法》第一百一十四条第一款规定，当事人可以约定一方违约时应当根据违约情况向对方支付一定数额的违约金，也可以约定因违约产生的损失赔偿额的计算方法。这种将"违约金条款"与"损失赔偿条款"并行规定的立法技术表明，违约金条款与损失赔偿是可以相互替代的。就惩罚性来讲，法律规定支付违约金以后还应当继续履行合同，体现了违约金的惩罚性，另外，《合同法》第一百一十四条第二款后半句规定，约定的违约金过分高于造成的损失的，当事人可以请求人民法院或者仲裁机构予以适当减少。言外之意，法律并不要求一定减少到损失相当的程度，即法律给惩罚性违约金的适用留下余地。[2]

---

[1]　夏鹏：《论违约损害赔偿中期待利益的认定》，2011年郑州大学法学专业硕士学位论文，第28页。

[2]　江必新、何东宁等著：《最高人民法院指导性案例裁判规则理解与适用》（合同卷一），中国法制出版社2018年版，第504页。

（一）违约金过高的评判标准

《最高人民法院关于适用〈中华人民共和国合同法〉若干问题的解释（二）》第二十九条规定，当事人主张约定的违约金过高请求予以适当减少的，人民法院应当以实际损失为基础，兼顾合同的履行情况、当事人的过错程度以及预期利益等综合因素，根据公平原则和诚实信用原则予以衡量，并作出裁决。当事人约定的违约金超过造成损失的百分之三十的，一般可以认定为合同法第一百一十四条第二款规定的"过分高于造成的损失"。由此可见，违约金的调整，以实际损失为基础，综合考虑合同的履行情况、当事人的过错程度、预期利益等因素。

1.非违约方的损失。此处损失包括实际损失和可预见性损失。实际损失是非违约方在违约时遭受的现实的损失。可预见性损失是指守约方因合同的实际履行所能获得的利益损失以及因合同的实际履行后所能避免的不必要的损失。[①]

2.合同履行情况。如果守约方为合同的履行做了充分的准备或者合同已经进入履行的关键节点，对方违约，这种情形下的违约金与合同刚签订即发生违约，显然是不一样的。

3.违约方的过错程度。尽管合同法采用严格责任原则，过错虽然不是违约金的成立要件，不构成违约责任承担前提，但是，却可以作为违约金调整的重要参考因素。美国学者甚至稍有偏激地认为，一个在契约履行方面故意拖延或者实际上不负责任的原告人永远不能获得法律上的各种救济，即使原告已经履行部分契约，并可使被告从中获利或被告已经实际获利，原告也同样不能获得救济。[②]

4.合同总标的额。违约金的数额如果超过合同标的额，无疑会加大违约方的违约责任，惩罚性过度。损失的计算参考合同总标的额是可取

---

① 王利明：《民商法研究》（第1辑），法律出版社2001年版，第590页。
② ［美］格兰特·吉尔莫：《契约的死亡》，曹士兵、姚建宗译，载梁慧星主编：《为权利而斗争》，中国法制出版社2000年版，第100页。

的。调整违约金时，还要参考合同的标的额，如果当事人约定的违约金超过了合同的总价款、报酬或使用费的总额，可以考虑将其降到合同的标的额以内。[①]

（二）合同中对同一违约行为重复约定违约金，只能认定其中一种约定有效

如果当事人在合同中对同一行为约定两项违约赔偿条款，一种是按照合同总标的额的比例向对方交纳赔偿金，一种是每逾期一日按照已付款的比例交纳赔偿金，上述约定实为对违约金的重复约定，只能认定其中一种约定有效。

[①]　马强：《合同法新问题判例研究》，人民法院出版社2005年版，第327页。

结　论

　　在当前时代背景下讨论 PPP 项目合同争端解决是非常有意义的事情。究其原因，首先，理论认识不一，据不完全统计，对于 PPP 项目合同的性质，至少有八种观点，即行政合同说、民事合同说、行政许可中的特许论说、经济合同说、混合合同说、独立合同说（第三类合同说）、信托说、具有行政因素的民商事合同说，对同一个问题观点大相径庭，说明理论上有深入探讨之必要。其次，2014 年 11 月 1 日修正的《行政诉讼法》第十二条规定，公民、法人以及其他组织提出行政机关没有按照法律相关要求履行或者对政府特许经营协议进行非法变更和解除的行为，人民法院应予受理。该法条将原本并不存在太大争议的 PPP 项目合同争端解决方式复杂化，对于 PPP 项目合同争端属于民事争议还是行政争议，是通过行政复议、行政诉讼还是通过民事诉讼、商事解决解决，置于两难境地，以至于仲裁机构担心撤裁而不予立案。司法实践中，不同法院不同处理方式，甚至对于同一案件，不同法院也观点不一，从而影响了法律的适用，判决的稳定性受到挑战。

　　本书从 PPP 项目合同性质谈起，认为"公益事业的民营化"乃"公法私法化"的表现形式，PPP 项目合同正是"公益事业的民营化"的具体体现，是政府为更好履行社会管理职责，让渡部分社会管理职能，将基础设施和公共服务领域的建设、运营职权赋予社会资本方。

本书认为，PPP项目合同应为具有一定行政因素的民商事合同。PPP项目合同性质并不必然决定合同争端性质，PPP项目合同性质与合同争端性质没有必然联系。

本书指出了PPP项目合同争端解决机制存在的立法层面和实践层面存在的问题。立法层面存在立法规范效力较低、立法规范相互矛盾、立法规范内容简单的问题，实践层面则存在司法裁判观点冲突、适用行政诉讼程序的不周延性、选择仲裁解决方式不确定性影响争端解决效率等问题。

本书在分析存在问题基础上，就如何妥善解决PPP项目合同争端进行了初步的探讨。他山之石可以攻玉，报告在分析英国、法国、德国、美国等域外PPP项目合同争端机制基础上，提出在国务院层面建立正部级的PPP事业专门协调议事机构，建立民事、行政的多元化纠纷解决机制，推进PPP统一立法，制定统一的《政府和社会资本合作法》，对违约方实施惩罚性违约损害赔偿，对政府的惩罚性赔偿超过社会资本方，同时引入公益诉讼，维护社会公共利益。

鉴于目前社会资本只有进口没有出口，本书提出建立社会资本退出合作的机制平台和路径，并就违约损失赔偿数额的主张和计算提出作者个人意见和看法。